Edition Suhrkamp Leipzig

Bertolt Brecht, geboren 1898 in Augsburg, beginnt die Arbeit an *Der Untergang des Egoisten Johann Fatzer* in Berlin Ende 1926. Obwohl das Material, das er unter diesem Titel innerhalb der darauffolgenden Jahre sammelt, viele hundert Seiten umfaßt und er in mehreren Phasen intensiv daran arbeitet, wird *Fatzer* nicht zu Ende geschrieben. Brecht arbeitet in diesen Jahren zweigleisig: Einerseits studiert er mit großem Interesse die Theorien politischer Ökonomie und versucht in mehreren Anläufen, daraus bühnenwirksame Texte zu machen. Auf der anderen Seite schreibt er zusammen mit Kurt Weill 1927 seine Oper *Aufstieg und Fall der Stadt Mahagonny*, kurz darauf sein erfolgreichstes Stück *Die Dreigroschenoper*. – Das *Fatzer*-Material enthält sehr viele leitmotivische und häufig wiederverwendete Ideen Brechts, bis hin zu seiner berühmten Keuner-Figur, die er in diesem Kontext entwickelt hat. Bis zu seinem Tod rechnet Brecht das *Fatzer*-Fragment zu seinen wichtigsten Arbeiten.

Heiner Müller, geboren 1929, konstruierte seine Bühnenfassung des *Fatzer* 1978 für die Aufführung am Deutschen Schauspielhaus in Hamburg (Regie: Wolfgang Karge / Matthias Langhoff).

Bertolt Brecht
Der Untergang des Egoisten Johann Fatzer

Bühnenfassung
von Heiner Müller

Suhrkamp

edition suhrkamp 1830
Erste Auflage 1994

Satz: Hümmer GmbH, Waldbüttelbrunn
Druck: Books on Demand, Norderstedt
Printed in Germany
Umschlag gestaltet nach einem Konzept von Willy Fleckhaus: Rolf Staudt
ISBN 978-3-518-11830-6

2 3 4 5 6 7 – 14 13 12 11 10 09

Fatzer-Material
1978

Im ersten Heft der *Versuche* ist ein Text aus Brechts *Fatzer*-Fragment abgedruckt. Das habe ich in den 50er Jahren gelesen, und seitdem war *Fatzer* für mich ein Objekt von Neid. Das ist ein Jahrhunderttext, von der sprachlichen Qualität her, von der Dichte. Diese Qualität hat mit dem Schock der Großstadt zu tun. Brecht kam nach Berlin, wohnte in einer Mansarde, ein Stadtplan von Berlin war an die Wand geheftet. Brecht hat Fähnchen gesteckt, wo sich kommunistische Zellen bildeten, das Warten auf die Revolution...

1932 hat er die Arbeit an *Fatzer* abgebrochen. Er war einer von den wenigen, die über die Dauer der nächsten Periode, also des Nationalsozialismus, keine Illusionen hatten. Die meisten linken Intellektuellen dachten, das geht ein paar Monate, Hitler ist ein Idiot, das ist ein kurzer Spuk. Brecht hat das später einmal so formuliert: »In der *Roten Fahne* stand noch ›Wir werden siegen‹, da hatte ich mein Geld schon in der Schweiz.« Er hat *Fatzer* auch ganz deutlich in den Zusammenhang mit der Ermordung von Liebknecht und Luxemburg gebracht. Er wußte, daß das eine Enthauptung war, die Enthauptung der deutschen Kommunistischen Partei, ihre Auslieferung an Lenin. Ein Blick auf den Nullpunkt des Jahrhunderts. Fatzer sagt vor seiner Erschießung durch die Kameraden/Genossen: »Von nun an und für eine lange Zeit / Wird es auf dieser Welt keine Sieger mehr geben, sondern nur noch Besiegte.«

Es gibt circa vierhundert Seiten im Brecht-Archiv, diffuses Material, manchmal steht eine Zeile auf dem Blatt, manchmal ist die Seite voll, Ansätze zu verschiedenen Fassungen.

Ich habe in dem Zimmer, in dem ich gearbeitet habe, die vierhundert Seiten ausgebreitet, bin dazwischen herumgelaufen und habe gesucht, was zusammenpaßt. Ich habe auch willkürlich Zusammenhänge hergestellt, an die Brecht nicht denken konnte, ein Puzzle-Spiel. Der »Egoist« Fatzer, zunächst ganz offensichtlich eine Identifikationsfigur für Brecht, wurde von Fassung zu Fassung immer mehr abgebaut. Dann wurde Koch der Protagonist. In der letzten Fassung, von der es nur Bruchstücke gibt, wird Koch zu Keuner, Keuner als Leninfigur, der Pragmatiker, der das Mögliche versucht. Der Fatzer ist ein Komplement zu Koch und umgekehrt. Koch der Terrorist, Fatzer der Anarchist, Koch/Keuner die Verbindung von Disziplin und Terror. Für mich war es auch ein Stück über die RAF, in einer sehr deutschen Tradition, von den Nibelungen bis *Die Räuber*, *Faust* und *Dantons Tod* und Grabbes *Gotland*. Dramen der deutschen Teilung. Franz und Karl Moor, Faust und Mephisto, Danton und Robespierre, Gotland und der Neger Berdoa. Der Glücksanspruch von Danton und die Drosselung des Glücksanspruchs für eine gedachte Zukunft, für ein Programm. Insofern hat sich die Oktoberrevolution aus dem Rahmen der Französischen Revolution nie herausbewegt, das ging keinen Schritt weiter, im Ergebnis war sie eher ein Schritt zurück. Die Französische Revolution muß in Rußland unter neuen Bedingungen noch einmal stattfinden.

Langhoff und Karge fragten mich, weil sie in Hamburg *Homburg* inszenieren wollten, ob ich in Ergänzung dazu *Fatzer* für sie bearbeiten würde. Mein aktueller Bezugspunkt war die RAF. Der Schlußteil liest sich wie ein Kommentar zur Geschichte der RAF, das Verhältnis des Kollektivs, der Disziplin, zu den Abweichlern. Es gab ja immer wieder Situationen in der Geschichte der RAF, in denen ein Abweichler exekutiert wurde. Es gehört zur Tragik von militanten Gruppen, die nicht zum Zug kommen, daß die Gewalt sich nach innen kehrt. Das war auch der Zusammenhang mit »Homburg«. Die Inszenierung war wahrscheinlich nicht gelungen, weil den Regisseuren zuviel einfiel, sie war nicht einfach, und kein Kritiker hat den Bezug verstanden, was mir dann doch ein Rätsel war, denn der Schluß war sehr gut inszeniert. Das war Mogadischu, aber keiner hat etwas gesehen. Alle schrieben nur, es wäre besser gewesen, wenn der Text *Fatzer* in der Schublade geblieben wäre. Das einzige Sensationelle an der ganzen Sache war, daß Wolfgang Storch ein Programmbuch mit RAF-Texten gemacht hatte, das auf Anweisung des Intendanten Ivan Nagel in den Reißwolf mußte. Die RAF war damals nicht nur für mich das interessanteste Material aus dem Westen. Die Möglichkeit einer Renaissance des Faschismus in der Bundesrepublik war schon Brechts »Wildente« gewesen. So konnte man die DDR aushalten. Die Überreaktion des westdeutschen Staatsapparats auf den bewaffneten Kampf einer verschwindenden Minderheit nährte diese Furcht/Hoffnung. Das gehörte zur Situation des Kalten Krieges. Paradigmatisch war die Kaufhaus-Brandstiftung, der Versuch, den Leuten mit einer konkret spürbaren Metapher ein Gefühl dafür zu geben, was der Vietnam-Krieg bedeutet. Die Schlußrede von Koch: »Seid nicht hochfahrend, Brüder / Sondern demütig und schlagt es tot / Nicht hochfahrend sondern: unmenschlich.« Diese Verbindung von Demut und Töten ist ein Kernpunkt des *Fatzer*-Textes und ursprünglich auch der RAF-Ideologie. Leute, die sich zum Töten zwingen müssen. Darum geht es auch in *Mauser* und in der *Maßnahme*. Eigentlich ist politische Gewalt dadurch diskreditiert worden, daß der Staat das Töten übernommen hat, es bürokratisiert hat durch das staatliche Gewaltmonopol. Wir leben in einer Zivilisation der Stellvertretung, die christliche Zivilisation ist die Zivilisation der Stellvertretung, der Delegierung, einer für alle, einer hängt für die andern am Kreuz.

In einem Buch des Polen Richard Kapuściński über Äthiopien wird aus der Rede eines Guerillaführers vor einer entscheidenden Schlacht zitiert. Er betete zum ersten Mal zu dem Gott der Christen: »But this time don't send your son, come yourself.« Das ist, glaube ich, ein ganz wesentlicher Schnitt zwischen der christlichen Zivilisation Europas und andern Zivilisationen. Einen Kommentar dazu liefert eine Science-fiction-Story: Sie spielt auf einem Planeten, wo die Bevölkerung rein logisch funktioniert. Es gibt da eine Handelsstation, Fabriken, die exakt arbeiten, jedenfalls aus der Sicht des leitenden Ingenieurs, der aus Ohio stammt. Eines Tages steigt aus einem Raumschiff von der Erde ein Missionar. Der Ingenieur weiß genau, das ist die Katastrophe. Er versucht, den Missionar ins Flugzeug zurückzudrängen, schlägt den Mann krankenhausreif. Der Ingenieur wird um zwei Gehaltsklassen zurückgestuft, der Missionar erholt sich und fängt an zu missionieren. Er trägt den Eingeborenen das Evangelium vor. Sie lernen es auswendig, sie bauen eine Kirche und stellen ein Kreuz auf. Dann passiert, was der Ingenieur geahnt und befürchtet hat. Er hört ein Brüllen, rennt in die Kirche und sieht, wie die logischen Christen den Missionar ans Kreuz nageln, damit er auferstehen und zum Himmel fahren kann.

Der Kern des Problems ist, daß man Töten denken kann. Wenn man es für notwendig hält, hat man nicht das Recht, es selbst nicht zu tun: es nur zu delegieren, wäre unmoralisch.

Ein anekdotisches Beispiel aus dem Russisch-Polnischen Krieg, das in *Zement* zitiert wird, von Isaak Babel: Nach einer verlorenen Schlacht, die Truppe muß zurück, bitten verwundete Rotarmisten den Regiments-Kommissar: »Töte uns!« Sie wußten, daß die polnischen Ulanen die Gewohnheit hatten, den feindlichen Verwundeten mit Lanzen die Eingeweide aus dem Leib zu drehn. Der Kommissar kann sie nicht töten, und die Verwundeten beschimpfen ihn als dreckigen Intelligenzler, weil er sie nicht töten kann. Die These von Carl Schmitt in *Theorie des Partisanen* ist, daß mit der Revolution das totale Feindbild entsteht. Von den religiösen Fundamentalisten schweigt der Katholik. Mit den totalen Weltverbesserungsprogrammen entsteht das totale Feindbild. Wer Ausbeutung als ein Phänomen des Lebendigen akzeptiert, braucht kein absolutes Feindbild.

Für Carl Schmitt hatte der Krieg bis zur Französischen Revolution – das ist natürlich auch eine Frage der Entwicklung der Waffentechnik – Duellcharakter. Es war ein Krieg der Armeen. Mit dem Volkskrieg entfällt dieser Duellcharakter, entfällt die Unterscheidung zwischen Zivilisten und Soldaten, das heißt, ohne die Idee der Revolution keine Bombardierung von Coventry, Warschau, Dresden, und keine Guerilla. Der Atomkrieg schließlich setzt das totale Feindbild voraus, erzwingt Fundamentalismus. Unsere Zivilisation ist eine Zivilisation der Stellvertretung. Und Repräsentation bedingt Selektion, Auschwitz und Hiroshima sind Finalprodukte selektiven Denkens.

Der Kaufhausbrand war ein verzweifelter Versuch, die Zivilisation der Stellvertretung, der Delegierung des Leidens, zu provozieren, die Verlegung des Vietnamkriegs in den Supermarkt.

Denken ist lebensfeindlich. Es gibt eine Differenz zwischen Denken und Sein, zwischen Denken und Leben. Das ist das Paradox der menschlichen Existenz. Flaubert hat gesagt, der Individualismus ist die Barbarei. Die Konsequenz ist der Gedanke von Foucault, der Humanismus ist die Barbarei, weil Humanismus auch Ausschließung, Selektion bedeutet. Die Menschheit setzt sich einen Zweck, der Weg zu dem Ziel erfordert Kontrolle, Organisation, Disziplinierung, Selektion. Wenn es um die Emanzipation der Menschheit geht, ist der Feind ein Feind der Menschheit, also kein Mensch. Das ist die Grundfrage. Aber wie kann man absehen von Zwecksetzungen? Das ist ein Denken, mit dem wir aufgewachsen sind. Wie lernt man sich zurücklehnen und die Dinge akzeptieren, wie sie sind, sie nur einigermaßen zu regeln? Aber in den Wörtern »regeln« und »einigermaßen« steckt schon wieder das Problem. Immer »geht es« nur »einigermaßen«, nichts geht auf. Das ist die Provokation der Apokalypse, der Johannes-Offenbarung. Da wird die Frage zum ersten Mal gestellt und dann an das Jüngste Gericht delegiert.

Ich glaube, Kunst ist ein Angriff auf dieses Paradox, auf jeden Fall eine Provokation, die auf dieses Paradox hinweist. Das ist eine Funktion von Kunst, eine vielleicht asoziale oder zumindest antisoziale, aber moralische Funktion von Kunst. Moral ist nicht sozial, das kann man nicht gleichsetzen. Ich finde die moralische Empörung über den Terrorismus irrelevant und eine Heuchelei, deswegen ist mir dieser Kernsatz in Brechts *Fatzer* so wichtig, das Wort »demütig«. Töten, mit Demut, das ist der theologische Glutkern des Terrorismus. Es gibt keine Lösung, das ist das menschliche Paradox. Aber mit Kunst kannst du dem nicht ausweichen in Moral, jedenfalls nicht in die gängige sozial eingebundene Moral. Kunst ist vielleicht auch ein Versuch der Tierwerdung im Sinne von Deleuzes und Guattaris Buch über Kafka. Ich fürchte, wir müssen es so dunkel lassen.

Heiner Müller

Der Untergang des Egoisten Johann Fatzer

Personen

Fatzer · Koch · Büsching · Mellermann · Nauke · Schmitt · Kaumann · Keuner · Leeb · Frühhaupt
Chor · Gegenchor
Frau des Kaumann · Therese · Die Kaumann · Therese Kaumann
Frau · Ein Soldat · Fleischer · Vier Weiber · Der Eine · Der Andere · Zivilist · Zwei Fleischer · Die Fleischer · Ein Fleischer
Die Frau · Frau · Die Andere
Der Wartende · Arbeiter · Der Mann · Erster Soldat · Zweiter Soldat · Mädchen

I

Fatzerdokument 1
Projektion: Schau der Kriegsgeräte

CHOR

Ihr noch wißt
Im zweiten Jahrzehnt dieses Jahrhunderts
War ein Krieg aller Völker
Welche sich eingruben
Und ihre unsinkbaren Schiffe
Versenkend
Von einem Meer zum andern
Und vier Jahre hausend unter dem Boden
In Löchern aus Zement
Einander beschossen mit zehntausend Zentnern Erz
Essend Gras und Fleisch ihrer Pferde
Auf Maschinen aus Blech neuer Erfindung durch die Luft fliegend
Gegen einander, auch rollend in eisernen Kärren
Gegeneinander, welcher Krieg vier Jahre dauerte und
Noch zu unseren Lebzeiten
Als Verbrechen erkannt wurde.
Und ausspie ein Geschlecht
Voll Aussatz
Das kurz dauerte und
Untergehend die gealterte Welt
Abriß.

Liquidierung des ersten Weltkrieges durch Johann Fatzer 1

KOCH *schreit:*
Wer von euch ist mein Freund und grabt mich
Ein in den Boden? Daß mich nichts mehr
Trifft, aber da ist kein Platz mehr, wo ich
Hinkriechen kann, denn sie schießen zehn
Meter unter den Erdboden.

BÜSCHING *ebenso:*
Alles, was da ist, muß
Hin sein, wo eine Stadt steht, die muß
Hin sein und sollen keine Steine liegen, sondern
Wo sie war, soll ein Loch sein und
In das Meer muß man hinein schießen.

KOCH
Unsere Mutter ist ein Tank, aus dem
Wir herausschießen, wenn er in ein Loch fällt
Fragt keiner nach uns, wir sind
Verloren. Wir müssen
Hin sein. Uns fangen sie. Warum
Sind wir heut geboren, wann
War die Luft voll von Eisen und Gift.

BÜSCHING
Wozu frißt du dein Fressen, wo
Doch dort ein Baum steht, der noch halb ist
Der muß doch auch hin sein.

KOCH
Schießt doch nicht mehr. Der Mensch kann
Nicht schwimmen über das Wasser im Meer.
Und den Schwimmer erschießen noch
Ihre Schlachtschiffe. Der Mensch kann
Nicht in der Luft fliegen von selber, aber den Tod
Muß er mit hinaufnehmen. Wo soll man da hinfliehen.

Überall
Ist der Mensch!

BÜSCHING

Der Mensch ist der Feind und muß
Aufhören.

Fatzerdokument 2
Projektion: Schau der Kriegsfolgen
(Friedrich: Krieg dem Kriege)

CHOR. KRIEGSSITZUNG

Drum müssen wir
Durchzustehen dieses dritte Jahr des Krieges
Der länger dauert als vorgesehn
Wiederum neu einteilen das Land
Und mit neuen Maßnahmen, schärferen,
die Lebensmittel
Strecken, damit
Sie länger reichen und herabsetzen den Anteil
Jeden Kopfes auf ein Viertelpfund Fleisch am Tag
Ebenso das Mehl, Schuhe und Bekleidung, damit
Wir
Mit unserer Kraft äußerstem Bruchteil
Durchhalten den größten Krieg der Welt
Eines Volkes gegen dreißig
Und verbessern unseres Volks Lage vor allen anderen
Am Ende.

Dazu ist nötig zu wissen,
Wie sich das unterste Volk, die Breite der Masse
Zum Krieg verhält.

Zäh und geduldig noch

Wich kein Mann aus keinem Graben, aber
Dies geht so lang nur, bis einer wich.

Dies Land bevölkert nur von Frauen
An seinen Rändern aber von
Eingegrabenen Männern.

Mit der Zahl seiner Männer
Verdoppelnd des feindlichen Landes
Esser.

Kälte und Krankheit entstanden durch Kälte
Hunger beißender durch Kälte
In erkrankten Körpern.

Sie ertragens.

Liquidierung des ersten Weltkrieges durch Johann Fatzer 2

I

Nacht gegen Morgen auf zerschossenem Gelände. Aus einem Trichtertal taucht ein Tank. Aus ihm eine Stimme:

STIMME
Hallo!
Ein Soldat steigt heraus.
Ist jemand hier?
Wie nach der Sintflut.
STIMME *von innen:*
Was ist da?
FATZER
Nichts, kommt heraus.

STIMME *von innen:*
Was sagt er?
FATZER
Hier ist nichts.
Drei Soldaten steigen aus dem Tank.
Kommt ruhig heraus, hier ist
Kein Mensch.
MELLERMANN
Nichts
Wie nach der Sintflut.
NAUKE
Kein Feuer? In der Luft kein Eisen? Wir sind
Falsch gesteuert. Seid froh, 's ist
Eine falsche Gegend.
SCHMITT
Gehn wir wieder hinein.
NAUKE
Warum?
SCHMITT
Sicher schießen sie bald her.
FATZER
Die hier waren
Sind alle hin und schießen
Nicht mehr. Mit unserm Gewehr
Sind wir zu spät dran. Hier ist
Gut sitzen
Er setzt sich unter einen halben Baum.
Seht hier, ich will würfeln
Mit diesem hellen und diesem dunklen Stein
Ob ich aus dieser Höll herauskomm noch
Wenn weiß, komm ich heraus
Wenn schwarz, nicht mehr.
Er würfelt.

MELLERMANN

Schwarz.

Alle außer Fatzer lachen laut.

FATZER

Jetzt, wo ich weiß, ich sterb bald
Möcht ich auch wissen, ob ihr leben sollt
Würfelt auch.

SCHMITT

Ich tus nicht, Fatzer, so ein Würfel
Ist schlechter als Trommelfeuer.

FATZER

Feiglinge.

MELLERMANN

Gut, ich würfel.

Er würfelt.

Schwarz.

Fatzer lacht.

MELLERMANN *zu Nauke:*

Worauf wartest du?

Nauke würfelt.

MELLERMANN

Schwarz.

Zu Schmitt:

Glotz nicht so kalt, vielleicht
Bist du ewig.

FATZER

Würfel, Hund.

SCHMITT *würfelt, aber hält die Faust lang geschlossen:*

Vorhin
Als du gewürfelt hast, Mellermann
Haucht ich verstohlen in meine hohle Hand
Und roch an meinem Atem, da
Roch es faulig, da
Sagte ich zu mir selbst: ich sterbe bald.

Zeigt den andern den Würfel, ohne ihn zu betrachten.

FATZER *lacht laut:*

Schwarz
Alle schwarz, jetzt können wir wieder
Freund sein. Gib her
Mellermann, deinen Tabak. Ich rauch ihn
Der dein letzter ist, weil wir
Wieder Freunde sind, denn jetzt
Ist es bestimmt, daß wir bald
Nicht mehr rauchen oder solch einen
Halben Baum sehn
Ich mache
Keinen Krieg mehr, sondern ich gehe
Jetzt heim gradewegs, ich scheiße
Auf die Ordnung der Welt. Ich bin
Verloren.

2

Koch fällt um.

KOCH

Ach Fatzer, ich kann
Nicht mehr Krieg führen.

BÜSCHING

Seine Beine sind nichts mehr.
Stehe auf, Koch.

FATZER

Warum hast du ihn nicht
Drinliegen lassen?

BÜSCHING

Daß er Luft kriegt, ein
Mensch ist kein Hund, steh
Auf, Koch, du Hund!

FATZER

Gib ihm den Schnaps.

BÜSCHING

Das ist verboten, weil es die
Eiserne Ration ist.

FATZER

Gib sie ihm!
Was ist heut für ein Tag?

KOCH

Mittwoch.

FATZER

So, dann ist es ein Mittwoch, an
Dem wir genug haben.

BÜSCHING

Steigt herein und fahrt weiter!
Wofür frißt du die Menage, Koch?
Ein Pfund Scheiße wie nichts
Wo doch ein Baum steht, der noch halb ist!
Denn alles muß abrasiert sein
Daß es leer ist.

FATZER

Wenn du nicht das Maul hältst
Wird der Platz, wo du stehst
Bald leer sein.

BÜSCHING

Arschloch.

FATZER

Das hat der Mensch
Und jetzt
Nehmt eure Schädel
In die Hände
Und paßt auf:
Seit vier Jahren liegend
Im Lehm der Schießstände und Schützengräben, hüpfend

Vor dem Geschoßeinschlag, dauernd suchend
Deckung – nachdenkend seit
Zwei Jahren über meine Lage und Verwendung,
suche ich
Eine Art, mir selber zu zeigen, was mit mir ist:
Aber seit gestern erinnere ich mich
Einer kleinen Zeichnung, welche ich
Gesehen habe in einem Buch
So eine
Will ich euch anlegen.
Der Punkt bedeutet
Fatzer.

BÜSCHING / KOCH / KAUMANN
Wir wollen nichts lernen.

FATZER
Wer will hier?
Ihr wollt nichts lernen, aber ich sage euch
Das ist ein anderer, der nicht will, daß ihr
Lernt.
Denn dieser Krieg
Geht gegen uns, mit unserm Arm
Wird unsere Person bekämpft
Und falsch
Sind ausgewählt die Gegner, es
Beziehen die gegnerischen Positionen
Die falschen Haufen
Freund und Feind auf einem Haufen
Auf dem andern Freund und Feind.
Und alle diese fechten
Gewohnt, nach einem Plan zu handeln
Den sie nicht kennen, eingeteilt
Zu werden ist ihnen gleiche Lust als
Für Weiber gevögelt werden; die die
Hackmaschine bedienen, wollen nichts

Als Hebel bedienen
Und so rückt
Die geordnete Masse der Menschheit
Zu falschem Zweck aus
Und so
Wird mißbraucht die neue
Kunst und Lust am Gleichtakt.
Der Punkt bedeutet
Fatzer
Das bin ich und hier ist gegen mich
Unabsehbar eine Linie, das sind
Soldaten wie ich, aber mein Feind
Hier aber sehe ich
Plötzlich eine andere
Linie, die ist hinter mir, die ist
Auch gegen mich. Was ist das? Das ist
Die uns herschicken, das ist die
Burschoasie.
Endlich nach Jahren
Sehe ich den Feind
Das ist ja nicht
Unsere Sache, die hier
So blutig abgehandelt wird
Feuer und Wasser kämpfen auf der einen
Seite, auf der andern Feuer und Wasser
Blickten sie bloß zurück aus der
Blutigen Umklammerung, sie sähen
Jeder hinter sich stehend
Den Feind und so sah ich
Nach vier Jahren blindwütigen Kriegs
Vorhin plötzlich hinter mich und sah
Plötzlich alles. Nämlich
Vor mir, gegen den ich focht: meinen Bruder
Hinter mir aber und hinter ihm: unsern Feind

Und jetzt unter dem halben Baum rauch ich
Unsern Tabak auf
Ich
Mache keinen Krieg mehr
Es ist gut, daß ich
Hier her gekommen bin zu einer
Stelle der Welt, wo ich
Nachdenken konnte drei Minuten lang
Jetzt
Können wir weggehen.

BÜSCHING
Du wirst erschossen. Schmitt
Der erschießt dich.

FATZER
Ich glaube nicht mehr
An Schmitt.

KAUMANN
Und was ist mit dem
Karren?

FATZER
Der kann bleiben bis
Neujahr und der
Nächsten Mine, sagt er, wie
Sie vorbei kommt: in mich
Haben sie hineingeschissen! Und
Es soll auch draußen stehn.
Er schreibt drauf:
Scheiße!
Und jetzt vorwärts!

KOCH
Wohin vorwärts?
Rechts ist alles rot
Und im Rücken brennt auch alles
Und vorn ist es still

Was am schlimmsten ist.

FATZER

Links! Ihr Arschlöcher!
Und wenn uns einer begegnet
Den schlagen wir nieder.

KOCH

Links ist es am ruhigsten.

BÜSCHING

Dieser Tank hat uns das zweite Mal
Geboren.

FATZER

Sauft eure Flaschen aus
Worauf Erschießung steht
Damit wir nichts mehr haben, denn sonst
Macht ihr noch weiter.

Fatzerdokument 3
Projektion: Liebknecht Luxemburg Meinhof

CHOR

So verlassen die Besten, ist an einem
Punkt der Erdoberfläche
Eine Idee aufgetaucht, sofort die
Position und nichts
Hält sie zurück, die Zeit spaltet
Sich in alt und neu, sie tun nichts
Altes mehr.
Aber die Zeit rollt noch weiter.

II

Rundgang des Fatzer durch die Stadt Mülheim

FATZER

Vor allem wissen
An welchem Punkt der Landkart wir
Aus der blutbeschmierten, undeutlichen, verdammten Erdkruste
Herausgekrochen sind
Was sie hier haben zum Fressen
Was für Leute, wie viele
Überhaupt noch da sind.
Denn hier, das fühl ich
Bleiben wir länger.
Vor der städtischen Fleischversorgung.

FATZER *fragt eine Frau:*
Was ist das für ein Amt?

FRAU
Das sind die Fleischhallen.

FATZER
Kriegt man hier Fleisch?

FRAU
Jeder Mann täglich ein zehntel Pfund.

FATZER
Dann müssen sie mir das Vierfache geben.

FRAU
Bist du so viel wie vier Männer?

FATZER
Probieren geht über Studieren.
Frau lachend ab.

EIN SOLDAT *zu einem Fleischer:*
Der ganze Zug ist ein Proviantzug.
Wie gesagt, es fehlen nur mehr die fünf Ochsen auf dem Zettel

Und das ist es, warum ich zu euch gekommen bin.

FLEISCHER

Ja, also morgen könnt ihr drei haben. Übermorgen
Am Freitag, wird wieder geschlachtet.

SOLDAT

Und die restlichen zwei müssen wir spätestens
Übermorgen abend haben
Samstag früh gehts los.

FLEISCHER

Aha! Dann werdet ihr geschlachtet!
Die Leute lachen.

SOLDAT *geht weiter:*

Dummer Hund!

FATZER *hinter ihm hertrottend:*

Hinter dem muß ich hergehen!
Dieser blutige Geruch von fünf Ochsen
Wird mich führen. Dabei will ich
Mich umsehn, wies meinem Freund
Dem Krieg, geht.
In was für Kleidern geht das Volk? Das Volk geht
In schlechten Kleidern, seh ich.
Ihr bißchen Schafwolle und Flachs haben sie
Schon aufgestapelt hinter Bajonetten, verteilend
Faden für Faden. Dieser Krieg geht
In schlechtem Schuhwerk; da geht er
Also nicht lang. Auch glaub ich schon zu sehen:
Arm ist ärmer und reich reicher jetzt und
Zwischendrin ist nichts: das ist auch gut.
Kinder, die bei der Geburt nichts wiegen und
Blasse Mäuler haben und
Nicht mehr schwerer werden. Das ist gut.
Gut auch, daß da bald Winter wird, das
Zehrt am Krieg, wenn das Volk friert.
Jetzt sitzen schon fünfzehn

In jedem Mauerspalt, weil
Nicht mehr gebaut wird, und je mehr
Beisammensitzen, desto
Vernünftiger werden sie.
Und die laufen hinter ihren Weibern her
Wie in alter Zeit mit einem so gierigen Ausdruck
Als hätten sie keine andere Sorge, als auf sie
Hinaufzukommen. Das ist nicht gut.
Sie sind nicht recht geschwächt genug
Oder schlimmer:
Sie sind die blutige Zeit gewöhnt.
Alles geht weiter. Freilich, das kriecht
Noch mit zermalmter Kniescheib
Auf ein behaartes Loch zu. So lang
Sie das noch haben, ist
Ihnen alles recht. Das müßt man
Ihnen auch noch verstopfen. Je mehr ich sehe
Um so mehr muß ich
Hergehen hinter meinen guten fünf Ochsen.
Ein Zug junger Rekruten marschiert vorbei.
Das sind junge Leute, das sollt nicht nötig sein.
Das kann noch nicht sein Fressen selber essen, und soll schon
Männer umbringen. Das zehrt am Krieg.
Das müßt doch erst
Auswachsen und dann Krieg führen.
Soldat wendet sich ab und geht weiter.

FATZER *hinter ihm hertrottend:*
Der hat keine Meinung
Das ist eben schlecht. Darum dauert
Der Krieg so lang und wär schon
Lang aus, aber der soll mir
Fleisch herausrücken.
Die Burschen kenn ich. Der

Rückt Fleisch heraus.
Vor einem Bäckerladen.

VIER WEIBER *schreiend:*
Gebt das Mehl heraus!

FATZER
Warum schreit ihr so?

DIE WEIBER
Wir haben einen Schein
Auf dem steht, daß wir Mehl kriegen
Aber immer, wenn wir zum Bäcker kommen
Ist die Tür schon verschlossen und
Kein Mehl für uns da.
Aber wir wissen es
Daß hinter der Tür Mehl ist.

FATZER
Warum bekommt ihrs nicht?

DIE WEIBER
Die Oberen fressen es!
Was das Heer nicht frißt, fressen die Oberen
Wir aber und unsere Kinder
Bekommen die Kleie.

FATZER
Warum schlagt ihr die Tür nicht ein?
Schlagt die Tür ein und holt das Mehl.

DIE WEIBER
Das ist auch einer, ders mit dem Maul macht
So einen wie dich sollte man totschießen!
Warum ist er nicht im Feld, wo er hingehört?
Die Engländer sind es, die uns das Essen nicht gönnen
Und die Franzosen bringen unsere Männer um
Und da ist einer, ders mit dem Feind hält!
Seht den Hetzer an! Jetzt verzieht er sich!

FATZER *weitergehend zum Soldaten:*
Das Volk ist dumm! Da kann der Krieg

Nie aufhören.
Soldat wendet sich ab und geht weiter.

FATZER *hinter ihm hertrottend:*
Solang ihr noch ein paar Sehnen Fleisch
Zwischen den Zähnen habt oder
Zwischen Eures Bruders Zähnen
Hört ihr nicht auf mit Schlachten.
Darum muß euch
Noch das Wasser verfaulen im Maul.
Wie Fliegen sollt ihr noch hin sein in diesem Dezember
Und bis Januar sollen euch die Motten fressen.
Zwei Männer gehen vorüber.

DER EINE
Hast du noch Holz in deinem Lagerhaus?

DER ANDERE
Tausend Stämme.

DER EINE
So sollst du dein Holz nicht hergeben
Sondern es verstecken. Wenn es dann
Kalt wird, können wir
Ihnen Scheit für Scheit herausgeben und sie
Müssen bezahlen
Alles, was wir verlangen.

DER ANDERE
Ja, und so müssen wir auch
Eimer für Eimer unsere Kohlen
Aus ihren Augen schaffen, der Krieg darf
Nicht aufhören.
Beide ab.

FATZER
Kohlen und Holz scheints noch zu geben.
Aber gut, daß
Auch Leute da sind mit solchen Kiefern
Die sie beiseit schaffen. Das zehrt am Krieg!

Das sind gute Leute!
Wenns solche mehr gäb, wär
Dieser Krieg bald aus.
Aber 's gibt nicht viel, und den wenigen
Gehts zu gut, und solang sie noch
An aufgewärmtem Gras würgen können
Und verfaulten Gäulen
Pressen sie Krieg aus sich heraus ohne Aufhören
Und darum müssen wir unsere eigene Sach
Ausfechten und uns eindecken mit Nahrung
Für lange Zeit.
Obacht! Sonst läuft mir der weg!
Jetzt seh ich immer deutlicher: wir müssen
Nicht nur für heut mittag uns was ergattern:
Der Krieg dauert länger.

SOLDAT *wendet sich um:*
Holla du! Warum läufst du hinter mir her wie ein Hund
Warum sagst du nichts, wenn
Ich dich frag?
Siehst du, da haben wir
Ein Messer für solche
Die uns auflauern.

FATZER *bei sich:*
Dem muß ich anders kommen.
Wenn ich das Fleisch haben will –
Und ich brauchs für die, die ich hergeführt hab –
Muß ich was ausdenken! Ich habs versprochen.
Ich muß mich
Vor ihm niederwerfen und meinen Hunger zeigen.
Holla, Kamerad!
Er fällt um.

SOLDAT
Was ist mit dir?

FATZER
Gib mir was zum Fressen!
SOLDAT
Steh auf! Ich habe nichts!
FATZER
Gib mir was zum Fressen!
SOLDAT
Mensch, ich trau dir nicht!
So einer legt sich hin
Du gibst ihm zu saufen und
Er rennt Dir das Messer ins Kreuz.
FATZER
Ja, so ists jetzt überall.
SOLDAT
Glaub nicht, ich hab nicht bemerkt, daß du
Hinter mir hergehst. Wenn du ehrlich wärst
Hättest du dich nicht hingeworfen, denn du
Bist nicht schwach.
FATZER
Glaub, was du willst, aber
Wenn ich zu fressen hätte
Hätte ich mich nicht hingeworfen.
SOLDAT
Was geht das mich an?
FATZER
Sicher nichts. Ich liege da und kann
Verrecken und du sagst:
Was geht das mich an?
SOLDAT
Warum nicht?
FATZER
Freilich, warum nicht?
SOLDAT
Also, ich geb dir nichts.

FATZER

Natürlich nichts!
Gib acht: wir
Sind vier und brauchen was
Zum Fressen, und wenn einer
Es merkt, sind wir schon
Hin. Du aber hast fünf Ochsen
Und denen bin ich nachgelaufen, als ich
Hinter dir her lief, und morgen
Will ich kommen mit meinen Freunden
Und einen Karren mitbringen
Wenn es dunkel ist, und du
Wirst uns herausrücken von eurem Fleisch und
Mehl und etwas Fett aus eurem Magazin
Das für das Heer bestimmt ist; denn wir
Sind auch vom Heer. Und heb mich auf jetzt.

SOLDAT

Ich werde dich nicht aufheben. Aber
Wenn ihr wirklich vom Heer seid und
Abgehaut aus diesem dreckigen Krieg und morgen
Mit einem Karren bei dem Fleischer wartet, aber da
Wo viele Leute rumgehen, werde ich
Sehen, was ich für euch tun kann.

FATZER

Und zwar für vier!

Fatzers zweite Abweichung

Zwei Abende hintereinander versuchen die Heimkehrer, sich Proviant zu verschaffen. Fatzer bringt die Versuche zum Scheitern.

I

KEUNER

Das hier ist die Stelle
Hier muß er vorbeikommen
Der uns hilft, den
Der Fatzer gefunden hat
Und auch die Zeit ists gleich.

BÜSCHING

Wenn nur der Fatzer
Der ihn kennt, zur rechten Zeit kommt. Das ist ein
Verdammter Hund, wenns auf die Minute geht.

KEUNER

Der Fatzer kommt.

LEEB

Wenn es zum Zapfenstreich bläst
Muß sein Mann in der Kaserne sein.

KEUNER

Dann kommt also der Fatzer
Vor es zum Zapfenstreich bläst
Und sein Mann muß schon da sein.

BÜSCHING

Ja, unter denen ist er.
Welcher mag es sein?
Ein Soldat geht vorüber.

LEEB

Der da! Vielleicht ists der?

BÜSCHING

Der könnt es sein, was meint ihr? Der
Sieht umgänglich aus.

KEUNER

Zu umgänglich! Eine Idee zu umgänglich. Wenn er
Zwischen Mund und Nase etwas härter aussäh
Könnt man nicht sagen, er säh streberisch aus und
Hat er nicht was Gieriges? So im Schritt!

Umgänglich ja – aber mit wem umgänglich?
Ich sag euch, je länger ich gerade den beschau
So weich wie der durchgeschwitzte Kragen eines
Mörders:
Nein
Der kanns nicht sein.
Ein Zivilist geht vorüber.

BÜSCHING
Und der?

KEUNER
Der Sattelkopf? Ja, es könnt sein
Daß er die Montur ablegte, damit man
Ihn nicht kennt, aber schaut nur
Wird er nicht auch seine Haut ablegen, damit man ihn
Nicht kennt, und Muskeln und Flechsen
Damit man ihn nicht kennt?
Dieses wenig abstehende Ohr hat etwas Lasterhaftes
Ich sage euch: der stopft nicht vier Mägen
Die, derweil die Welt auf ihrer Oberfläch von Krieg
zerfleischt ist
Unter der Erd aufgespannt sind und auf Fleisch warten.
Nein, der nicht.

BÜSCHING
Wir finden ihn nicht ohne den Fatzer.

KEUNER
Wenn ihn der Fatzer herausgelesen hat, der
Uns hilft, muß er so aussehn
Daß man ihn kennt, denn sonst
Wie hätt er ihn gekannt?
Der Soldat vom andern Abend geht vorüber.

BÜSCHING
Der zum Beispiel könnts nicht sein
Der schaut aus wie ein Eisenkessel
Den würd ich nicht ansprechen.

KEUNER
Ja, das ist
Ein harter Mensch, das sieht man.

BÜSCHING
Wenn jetzt der Fatzer nicht kommt
Ists umsonst heute.

KEUNER
Je mehr man hinsieht, desto weniger
Erscheint ein Mensch als Mensch, keiner von allen
Die hier vorbeigingen, erschien einem wie einer, der
Uns, wenns nottut, beisteht.
Der Zapfenstreich wird geblasen.

BÜSCHING
Jetzt können wir heimgehen.
Daß er nicht kam, ich verstehs nicht.
Fatzer kommt langsam.

FATZER
Seid ihr da?

BÜSCHING
Wo warst du?

FATZER
Ich war abgehalten.

KEUNER
Warum, Fatzer, bist du
Nicht gekommen? Wies ausgemacht war?

FATZER
Ich hatte einen kleinen Handel mit ein paar Fleischern
Die glaubten, sie könnten mich
Schwach anreden.

BÜSCHING
Dann ists wohl jetzt aus mit dem Proviant
Für die nächsten Wochen?

FATZER
Morgen ist auch ein Tag. Vielleicht

Habt ihr auch morgen einen anderen Ton
Im Hals, wenn ihr mit mir redet
Wenn ihr mich braucht.

KEUNER

Wir brauchen keinen andern Ton im Hals, aber du
Hast da zu sein, wenn es nötig ist.

FATZER

So, ich hab da zu sein?

BÜSCHING

Und was ist morgen? Wirst du da da sein?

FATZER

Ja.

KEUNER

Und es wird dich nichts abhalten?

FATZER

Nein.

KEUNER

Dann morgen.

2

KEUNER *zu Fatzer:*

Wir müssen das Fleisch haben
Fang heut keinen Streit an.
Denn wir könnten dir nicht beistehn.
Weil uns, wie du selber gesagt hast
Keiner kennen darf.
Wir dürfen nichts mehr versäumen
Solches geschenktes Fleisch
Kommt nicht ein zweites Mal.
Zwei Fleischer kommen.

FATZER

Da kommen die, die mich gestern beleidigt haben
Denen müssen wir

Zeigen, daß sie mit uns nichts machen können.

BÜSCHING

Bleib da, Fatzer, wir müssen
Das Fleisch haben.

FATZER

Das ist mir gleich. Ich muß
Mit ihnen reden.

Fatzer geht auf einen Fleischer los. Darauf hin stürzen aus dem Laden andere Fleischer heraus und umringen ihn.

DIE FLEISCHER

Da ist er, der gestern
Etwas auf den Kopf bekommen hat! Er braucht
Heut wieder etwas.

FATZER

Gestern war ich nur einer. Aber heut
Sind wir mehr. Holla Büsching!

EIN FLEISCHER

Gebt ihm eins auf die Fresse!
Wer ist das überhaupt?

Sie schlagen Fatzer nieder.

KEUNER *zu Büsching und Leeb:*

Bleibt stehen! Laßt euch
Nichts anmerken, tut, als ob
Wir ihn nicht kennen.

EIN FLEISCHER *zu ihnen:*

Hallo, ihr da!
Gehört ihr auch zu dem?

KEUNER

Nein!

EIN FLEISCHER

Ihr seid bei ihm gestanden
Ihr müßt ihn kennen.

KEUNER

Nein, wir kennen ihn nicht.

DIE FLEISCHER *in den Laden zurückgehend:*
Das ist auch besser für euch!
BÜSCHING
Jetzt müssen wir ihn aufheben.
KEUNER
Bleib! Wir sind hergekommen, um Fleisch
Zu holen.
LEEB
Dazu brauchen wir ihn aber.
KEUNER
Er soll allein aufstehn.
Fatzer erhebt sich blutbedeckt und geht taumelnd weg.
KEUNER
Fatzer!
Hierher, Fatzer!
LEEB *ruft Fatzer nach:*
Komm hierher!
Fatzer geht, als hörte er nichts, ab.
LEEB
Wo läuft er hin, er hat
Was abbekommen.
KEUNER
Wenn er zu sich kommt
Wird er herkommen; denn wir
Sind da und müssen
Das Fleisch haben.
BÜSCHING
Jetzt wird bald das Signal kommen
Wir hätten ihm
Vielleicht helfen sollen; er ist der einzige, der
Uns was verschaffen konnt.
Wie er am Boden lag
Sah ich ihn herschauen.
Der Zapfenstreich wird geblasen.

KEUNER

So, jetzt gehn wir.
Sagt nichts mehr über das.
Wir müssen drüber schlafen, aber
Ich sage euch: das ist
Nicht gut, was ich vorausseh.

Fatzerdokument 4
Projektion: Schlußbild

CHOR *zeigt das Schlußbild:*

Aber als alles geschehen war, war da
Unordnung. Und ein Zimmer
Welches völlig zerstört war, und darinnen
Vier tote Männer und
Ein Name! Und eine Tür, auf der stand
Unverständliches.
Ihr aber, seht jetzt
Das Ganze. Was alles vorging, wir
haben es aufgestellt
In der Zeit nach genauer
Folge an den genauen Orten und
Mit den genauen Worten, die
Gefallen sind. Und was immer ihr sehen werdet
Am Schluß werdet ihr sehen, was wir sahn:
Unordnung. Und ein Zimmer
Welches völlig zerstört ist, und darinnen
Vier tote Männer und
Ein Name. Oder drei Männer, die aus der Tür gehn
Zu ordnen
Der Menschheit große Gegenstände
Und einen toten Mann
Welcher noch nicht tot ist, und vor ihm

Eine Tür, auf der steht
Verständliches.

Fatzerdokument 4

CHOR
Du, Keuner, erkenne
Den Fehler, den ihr gemacht habt
Noch einmal trete
An die Tankwand und verbessere
Eurer Lage Zeichnung
Ziehe durch den Punkt Fatzer eine senkrechte Linie so lang
Wie die Linie g ist, denn nicht
Allein ist Fatzer, sondern
Einer von vielen. Gehorchenden.
Desgleichen aber ziehe
Hinter der Linie des Gegners eine
Andere in der Entfernung und Größe jener
Linie, die euer Bürgertum darstellt
Denn auch eure Gegner haben hinter sich
Noch ihren Gegner, das Bürgertum, und auch
Einen Pfeil zeichne, gerichtet gegen
Euren Gegner, genau
Gleichend dem Pfeil, der gerichtet ist gegen euch
Dies erst
Ist eure wirkliche Lage
Jetzt aber kannst du
Erkennen, was zu tun ist für euch und alle Soldaten
Welche Gehorchende sind auch
Gegen euch. Wendet euch um und
Verwandelt den Krieg der Völker in
Den Krieg der Klassen und

Den Weltkrieg in den
Bürgerkrieg, also bleibet beisammen und tragt
Den Krieg in euer eigenes Land, denn vor
Ihr euer Bürgertum nicht vertilgt habt, werden
Kriege nicht aufhören.

KEUNER

Also hätten wir
Müssen dableiben.

CHOR

Richtig, da ihr aber
Weggegangen seid von der Masse und also
Falsch gehandelt habt, ist euer
Untergang voraussehbar.

Fatzerdokument 4

Chor rät dem Zuschauer, die ferneren Geschicke der Vier nicht mehr zu beachten.

CHOR

Da sich diese vier
Selbst gedrängt haben aus
Ihrer ganzen Umwelt und sich stellten
Unter einen neuen tierischen Aspekt
Und unter Gestirne, welche uns
Unbekannt sind, und sich trennten von
Uns übermütig oder unwissend, wird bald für sie
Fremdes geschehen, was uns
Mag es gut sein oder schlecht sein, nie
Geschah oder geschehen wird
Unverständliches. Darum
Verschließt ihnen euer Ohr, denn nichts Menschliches
Werdet ihr hören. Abgeriegelt

Vom natürlichen Dasein, werden sie eingehen ohne
Verständliche Laute.
Was der Untergehende sagt
Das ist wertlos. Was sind die Taten
Dessen, der ohne Hoffnung ist? Er gleicht
Keinem Menschen mehr
Wozu wissen
Wer wen zerfleischt, wenn beide
Dem Tod sicher sind?
Wertlos ist das Gewäsch der Unglücklichen
Schon ist abgeschlossen ihr Leben, und was sie
Noch zu sagen wünschen, das hat
Kein Interesse mehr.

Fatzerdokument 4

Chor verweist auf das Vorhandensein vieler Interessenten an dem Geschick der Vier.

CHOR
Die Elenden von heute
Sind morgen glücklich, was tuts, wenn sie
Heute noch sterblich sind?
Wir raten euch: seht
Euch an diese vier, denn ihr werdet sie
Untergehend sehn handeln wie
Aufwärtsgehende. Soviel besorgt
Nicht sterbend, der ohne Erben ist
So genau prüft seines Hauses jeglichen Stein nicht
Beim Bau, wer nie drin zu wohnen denkt
Freilich sie
Gehen nicht weg, da ein Geschäft sie ruft
Sondern ins Leere. Was sie nicht tun

Das ist ihrer Feinde Verderb
Und ihre Zukunft liegt
Nach ihnen. Drum hört zu
Denn viel wichtiger für euch
Ist, was sie sagen, als
Für sie selber.

III

Die Invasion (In der Tiefe) 1

FRAU DES KAUMANN *schreit:*
Wo sind sie?
Heut habe ich beschlossen
Mein Fleisch
Zu befriedigen.
Drei Jahre
Sind zu viele Jahre!
Warum kommt er nicht
Und legt sich auf mich drauf?
Meine Blöße
Ist schon verdorrt, sicher
Meine Zeit ist schon aus!
Die Kühe und die Hündinnen
Werden befriedigt, wenn ihre Zeit ist
Und ich verlange, daß ich auch
Befriedigt werde!
Daß ich nicht immer an mein
Schoß denke, der leer ist
Sondern lebe wie ihr!

DIE FRAU
Schreie!
Wenn du ausgeschrien hast
Ist es
Wie vorher
Was eine Frau ist, die
Braucht nicht nur Schleimsuppe und
Das und mit der Liebe
Das ist für die Großkopfeten, aber
In der Nacht braucht sie einen
Der ihrs tut, das sagt sogar
Der Doktor!

FRAU DES KAUMANN

Ich hab einen Mann, das steht
An der Tür mit dem Namen.

FRAU

Und der steht in der Liste
Wo die Vermißten gezählt werden.
Mit dem Namen
Kannst du nicht ins Bett gehn.
Ich aber habe einen Bruder, der
Hat keine Anstellung.

FRAU DES KAUMANN

Hier ist nur ein Zimmer, da hat
Dein Bruder kein Platz mehr. Du
Bist eine Ausgeschämte, und
Weil du eine Hur bist
Drum denkst du nichts andres
Aber bis ich meine Suppe auf dem
Tisch hab
Bin ich so, daß ich nicht mehr
Sitzen kann und froh
Daß keiner da ist, der sich noch auf mich
Drauflegt!

DIE ANDERE

Dein Fotz ist auch eine Hur!
Es ruft draußen.

FRAU DES KAUMANN

Wer ist draußen, ich mach nicht
Auf!

KAUMANN

Mach auf, ich bins!

FRAU DES KAUMANN

Wo kommst du her?

FATZER

Wo immer wir herkommen

Nimm an, aus
Dem Hinterhof der Hölle! Und
Wodurch immer gerad wir zusammenkommen
Jetzt sind wir hier, wo unser Ziel nie war.

KAUMANN

Das sind meine Freunde.

FATZER

Und die müssen sie gut behandeln
Mit einem Essen und was da ist
Das nicht hinsieht!

KAUMANN

Ja, was hast du zum Essen?

FRAU DES KAUMANN

Hast du denn Urlaub, weil du
So plötzlich kommst?

FATZER

Das kann man Urlaub nennen.
Aber wer viel fragt, dem sagt
Man viel.

KOCH

Das ist nicht viel Platz hier?

FRAU DES KAUMANN

Gottfried, hast
Du immer noch soviel Hunger?
Sie essen.

FATZER

Wie ich in den Waggons gesessen bin
Da habe ich gesehen
Daß alles unzufrieden ist
Das hat mir gefallen.

KOCH

Ja, jetzt gehts bald los
Wir müssen nur abwarten.

BÜSCHING

Und durchhalten.
Sie lachen.

FATZER

Wenn es los geht, müssen wir
Zusammen sein.

KOCH

Wenn sie uns einzeln fassen
Dann sind wir hin. Wir
Dürfen nicht weiter. Hier an
Der Grenze
Sind sie am unzufriedensten und: wo Fabriken
Sind!

FATZER

Ja. Hier. Dann beschließen
Wir also
Daß wir zusammen bleiben
Und du gehst nicht nach Passau
Koch.

BÜSCHING

Und ich nicht nach Liegnitz.

DIE KAUMANN

Bis morgen such ich euch
Eine Bleibe.

FATZER

Das brauchst du nicht.
Morgen geht es noch nicht los
Und so lange bleiben wir hier bei
Dir, friß es gleich und
Mach keine Versuche! Es nützt
Nichts! Was für eine Zeit ist
Jetzt? Frühjahr! Das kann dauern.
Aber ich habe die
Augen offen gehabt und gesehen, daß

Eine neue Zeit anfängt und
Mit dem Volk
Etwas und was noch nie war
Und man sieht Leute herumgehen, die
Man sonst nie gesehen hat, das
Kommt
Weil alles, was unten ist
Heraufkommt
Wo früher
Ein Mensch war und ein anderer
Da ist jetzt die Masse, ein
Massenmensch und es bleibt alles
Zusammen.
Und geht nicht mehr in die Häuser
Und haben genug Essen für dich
Kaumann, und für dich geht es
Richtig, Koch, weil du diese Leidenschaft hast, daß es
Richtig gehen soll.
Und das ist nicht
Weil es einen Gott gibt, den gibt
Es nicht, sondern
Weil der Mensch vordringt zu
Der Kenntnis
Daß zuerst das Essen kommt.
Ich aber verbürg mich, daß
Ihr Essen kriegt bis dahin und
Durchkommt
Denn jetzt stehen wir
An der Schwelle von dem Land
Das uns gehört.

KOCH

Da der Abstreifer
Den nehm ich.

DIE KAUMANN

Und wo schlafe ich?

BÜSCHING

In deiner Bettstatt wie immer.

DIE KAUMANN

Wenn ihr alle daliegt?

KAUMANN

In der Nacht ist es dunkel.

DIE KAUMANN

Vielleicht wollt ich mit dir reden
Nach den drei Jahren.

FATZER

Morgen.

KAUMANN

Und woher kriegen wir das
Essen?

FATZER

Morgen.
Wenn ich morgen weggeh
Euer Essen holen
Denn ihr wollt doch fressen
Wenn ihr auch nicht hier seid
Muß ich einen Anzug haben wie
Jeder andere. Hast du den?

KAUMANN

Er muß in dem Schrank sein.

DIE KAUMANN

Das ist er.

FATZER

Den kann ich brauchen. Darin muß ich aussehen
Wie einer von ihnen.

DIE KAUMANN

Werdet ihr denn
Alle bleiben?

Wie lang?

KOCH

Kurze Zeit.

Fatzerdokument 5
Projektion: Lenin

CHOR

Desgleichen wird befürwortet
In die Fabriken
Militär zu werfen
Die Zeitungen eifriger als bisher
Durchzuwaschen, daß nicht hilflose Augen
Dinge lesen, die schaden.
Außerdem einen Mann namens Uljanow,
genannt Lenin
Wohnhaft zu Zürich im Exil
Sozialist und Volksaufwiegler
Ein zerstörendes Element
Auf sein Gesuch hin durchzulassen durch unser Gebiet
In einem plombierten Waggon der im Osten
So wie ein Spaltpilz
Sucht den unförmigen Körper unseres östlichen Feinds
Auszuhöhlen von innen her und wird
So unwissend unser Geschäft besorgen.

Fatzerdokument 5
Projektion: Revolutionäre Kriege in vier Kontinenten

CHOR

Wir aber wollen uns

Setzen an den Rand der Städte und
Auf sie warten. Denn jetzt muß
Kommen eine gute Zeit; denn jetzt bald
Tritt hervor das neue Tier, das
Geboren wird, den Menschen aus-
zulösen.

Die Invasion 2

FATZER
Mich lähmt das Morgen und
Dies unverbindliche Heut!
So sitzend
Zwischen noch nicht und schon nicht mehr
Glaub ich nicht, was ich denk!
Sicher ists ein Irrtum, schon morgen
Klar! Warum also heut reden? Was
Nützt dies Bootbaun bei vertrocknendem Fluß?
Wenn ich euch essen
Seh, seh ich hinter euch andre verdaun
Euch unähnlich! Aber mich seh ich nicht essen!
Ich hör eure Stimmen nicht vor dem Geräusch
Vieler Schritte solcher, die ich nicht kenn.
Aus euren runden dreckigen Mäulern fallen
Große viereckige Worte, woher sind sie?
Mir scheint, ich bin vorläufig
Aber was
Läuft nach?
Daß ihr mich versteht
Das verbiet ich.

KOCH
Wir müssen den Fatzer
Zur Red stellen. Warum

Ist er nicht gekommen?

BÜSCHING

Daß er nicht kommt, das sieht ihm
Nicht gleich.

FATZER

Ja, was der Mensch tut, das sieht ihm
Nicht gleich.

BÜSCHING

Der Fatzer ist
Unser bester Mann. Was er sagt
Das hält er.

KAUMANN

Der ist klug, der findet
Immer noch was zum Fressen, aus
Einer Kanalröhre
Zieht der noch eine Kuh!

KOCH

Ohne den Fatzer
Wären wir nicht hier. Der fand seinen
Weg durch Stacheldraht und sogar
Durch Menschen! Der muß
Uns durchhelfen!

THERESE

Ja, traut ihm nicht! Mir scheint er
Anders! Ihr seid dumm, aber der
Ist ichsüchtig, den kenn ich! Der wird euch
Noch verraten!
Alle drei lachen.

BÜSCHING

Daß der uns verrät
Das ist zum Lachen!

KOCH

Daß er ichsüchtig ist, das ist
Gut! Er hat ein großes Ich, das reicht

Für uns vier aus und für uns vier
Ist er ichsüchtig! Der
Kann uns helfen!

FATZER

Jetzt reden sie wieder
Über mich und ich
Zuhörend werde so
Wie sie mich brauchen.
Oder auch nicht!
Tritt zu ihnen.

KOCH

Fatzer, du bist gestern
Nicht gekommen, wo wir unser
Fressen kriegen sollten. Warum nicht?

FATZER

Ja, warum nicht?
Denk einmal nach, Koch!
Wenn ihr redet hinter euch
Reden immer andere!
Und drum ist euer breitmäuliges Geschwätz
Wichtig.
Hinter euch sind viele im Anmarsch
Die gehen im gleichen Trott und drum
Ist euer plattfüßiger Trott
Wichtig, seht ihr.
Warum
Ist Fatzer nicht gekommen?

KOCH

Wir wissens nicht, Fatzer.

FATZER

Du, das ist schad!
Vorgestern nämlich
War ich da, wißt ihr noch, ich
Lag

Vor euch am Boden, hatte die
Augen zu und
Wartete.

BÜSCHING

Er meint sicher
Wir hätten ihm helfen sollen, ich
Wollte es auch, ich sagte dir gleich, Koch
Wir helfen ihm!

KOCH

Meinst du das?

FATZER

Denk nach!

KOCH

Jetzt versteh ich dich nicht.
Wir standen und wollten
Fleisch holen. Wir sagten:
Uns darf keiner kennen. Wenn
Einer gekannt wird, dann
Müssen die andern so tun, als
Kennten wir ihn nicht, damit
Nicht alle hin sind! Da fängst
Du einen Streit an, obwohl wir
Beschlossen hatten, jedem Streit
Auszuweichen. Wir
Sahen dich umfallen und wollten
Hinzulaufen, da dachte ich
Was wir beschlossen hatten, und
Hielten uns zurück aus Klugheit! War das
Nicht klug?

FATZER

Sehr klug, nur vielleicht
Ein wenig zu klug?
Standet ihr da und hattet eure Muskeln in der Hand?
Solchen kann es nicht übel gehen.

So kluge Leute brauchen niemand zum Beistand.
Höchstens könnte man sagen, euch fehlte es
(Nur um ein Geringes)
An impulsiver Zuneigung
Törichtem Aufbrausen.
Vielleicht hättet ihr euch durch solche
Unbeherrschtheit hinein geritten und
Vielleicht wärt ihr auch wieder herausgekommen.
Vielleicht durch euren
Von so viel Zuneigung gerührten Fatzer.
Aber das könnt ihr vielleicht auch nachholen
Wenn auch ein kleiner Schatten
Bleibt. Da man euch auf das
Was nur natürlich ist, die
Nase stoßen muß.
Kurz und gut: ich lad euch ein
Teilzunehmen an meinem Streit.
Etwas Unvernunft bitte!

KOCH

Und was soll jetzt geschehn?

FATZER

Wollt ihrs wirklich wissen? Jetzt
Forder ich euch auf, einzu-
treten in diesen Kampf, den ich
Da hab, und heute abend
Zur gleichen Stund an diese Stell
Zu kommen, wo ihr versagt habt. Damit
Wir
Uns wieder in die Augen schauen können und
Daß ich die umleg, die mich
Umgelegt haben!

KOCH

Das verwundert mich. Offen heraus:
Wir dachten: du wolltest uns sagen

Wie
Wir Fleisch kriegen könnten.
Ich meinte: wir wollen Fleisch
Holen und nicht kämpfen.

FATZER
Offen heraus: ich dachte, wir
Wollen kämpfen.

KOCH
Das ist merkwürdig. Aber wenn du
Drauf so bestehst, müssen wir
Darüber abstimmen. Wollt ihr
Also
Daß wir jetzt eintreten in diesen
Kampf unseres Kameraden, wobei
Ihr überlegen müßt, obs klug ist, da
Uns keiner kennen darf.

FATZER
Oder wollt ihr euch anfressen?
Ich geb euch zu bedenken
Daß nicht immer alles so nach Plan geht
Auf der Welt. Was immer klug
Sein mag, das, was menschlich ist
Muß auch geschehn, essen ist gut –
Aber es fragt sich auch: wer
Ißt?

KOCH
Wollt ihr also
Fleisch haben oder kämpfen?

KAUMANN
Fleisch haben.

BÜSCHING
Zuerst Fleisch.

KOCH
Fleisch also. Fatzer wir haben

Abgestimmt, also
Wird der Kampf abgebrochen.

FATZER

Ich dachte: ihr braucht kein Fleisch.
Braucht ihr Fleisch?
Wie ich euch gestern stehen sah, dachte ich
Solche leben ewig, die
Brauchen kein Fleisch, die von dir.
Das habe ich noch gedacht, als ich
Schon dalag.
Ich bin gegen eure mechanische Art
Denn der Mensch ist kein Hebel.
Auch habe ich starke Unlust, einzig zu tun
Von vielen Taten die, welche mir nützlich. Aber Lust
Zu vergraben das gute Fleisch und zu spucken
In das trinkbare Wasser
Dies ist nicht einfach.
Ihr aber rechnet auf den Bruchteil aus
Was mir zu tun bleibt, und setzts in die Rechnung.
Aber ich tus nicht! Rechnet!
Rechnet mit Fatzers Zehngroschen-Ausdauer
Und Fatzers täglichem Einfall!
Schätzt ab meinen Abgrund
Setzt für Unvorhergesehenes fünf
Behaltet von allem, was an mir ist
Nur das euch Nützliche.
Der Rest ist Fatzer.

KOCH

Daß du so herumschielst
Wenn die Welt aus den Fugen
Geht, das ist schuld, daß ich
Hier sitz und dir das Fleisch
Im Maul neid! Dich
Sollt man erschießen in der

Nacht wie einen Hund
Dems gleich ist.

FATZER

Sieh diese Eingegrabenen
Kaum noch eigenes
Nicht zu unterscheiden vom Boden
Dieser wandelnde Moder, dem
Bei jedem Schritt der Kalk
Aus den Augenhöhlen fällt!
Ich habe euch aus Kot gefischt
Wie einer seine Zähne fischt, der
Sonst nicht fressen kann und
Muß sie wieder einsetzen!

BÜSCHING *plötzlich:*

Ich sag dir, Koch, ich denk
Nicht gut von uns, dir, mir und
Keinem, alle sind wir
Für Fleisch zu kaufen, drum noch
Nicht verächtlich, aber wenn dieser
Fatzer uns verrät, dann muß er
Hin sein.

KOCH

Die Schlacht hat uns
Nicht umgebracht, aber
Bei ruhiger Luft im stillen Zimmer
Bringen wir uns selber um.

Fatzerdokument 6
Projektion: Weltraumfoto

CHOR

Dies alles ist das Geschäft der Zeit
Wer den Fluß eindämmt, sieht, wird er alt genug

Noch, wie der Damm zerfällt oder
Der Fluß ausbleibt.

GEGENCHOR

Sehet, der Stoff reicht aus
Ordnet ihn nur, es bleibt übrig genug
Tragt nur Wasser in Wüsten, es bleibt
Immer noch Sand. Fürchtet euch nicht:
Das Ende ist nicht erreichbar!

Die Invasion 3

KAUMANN *bringt ein Paket:*
Da sind Dotschen.

BÜSCHING

Kochen! Wo ist die Frau?

KOCH

Arbeiten. Koch selber!

BÜSCHING

Her!

KAUMANN

Ich versuche, ob sie frisch sind.
Beißt in eine.

BÜSCHING

Da sind zwei angefressen
Hast du das gemacht?

KAUMANN

Sie waren schon.

BÜSCHING

Dreck warn sie. Du
Hast sie angefressen.

KAUMANN

Wenn ich sie auftreib!

KOCH
Heißt das, du sollst sie auffressen?
Spuck aus, was du im Mund hast!
KAUMANN
Hol dirs!
BÜSCHING *biegt ihm den Kopf hinter:*
Spuck aus!
KOCH
Es ist wegen dem Prinzip!
KAUMANN *spuckt es Büsching ins Gesicht:*
Da hast du!
FATZER *hat angefangen zu essen:*
Ihr paßt zusammen.
KOCH
Erst kochen!
BÜSCHING
Da friß auch! Ich wart auch nicht!
KOCH
Dann furzt du wieder herum!
FATZER
Das darf man nicht. Wegen
Dem Prinzip!
Sie essen.
KOCH
Es ist alles ruhig, wo man
Hinkommt! Kein Anzeichen
Von nichts! Und uns geht
Die Puste aus!
Sie essen.
FATZER
Die essen ihr Brot ohne Salz
Das alles dauert noch tausend Jahre
Gehirne angefressen, von Hunger
Geschwächt – also schwach

Wenn schwach – dann tierisch
Das fragt nicht: warum?
Also müssen sie niedergehalten werden.

KOCH *zu Fatzer:*

Ich brauch kein Essen. Zwei Tag länger
Als der von ihnen, ders am längsten macht
Halt ichs aus, wenn ihr
Unterworfen seid diesem tierischen Zwang
Und eure Mägen kein Gehirn haben
Müßt ihr machen, was ich nicht machen muß
Und das ist mein Kopf, der mirs ermöglicht
Das
Hab ich dich sagen hörn
Fatzer, ißt du mit?

FATZER

Ja ich esse mit.

BÜSCHING *lacht:*

Das ist die neue Zeit.
Ich habe viele gesehen in Schlachten
Mit roten Gesichtern und mancher
Ging hinein, undeutlich wie Käfer, aber
Einen großen Mann
Habe ich nie gesehen.

FATZER *lacht:*

Ich bin einer.
Die Kaumann herein.

DIE KAUMANN

Eßt ihr alle? Braucht ihr keinen Löffel
Mehr oder zwei Löffel? *Zu Kaumann:* Bist du
Zufrieden, brauchst du nichts
Sonst? Aber wenn du nicht
Sprichst, will ich sprechen, und wenn
Du nie allein bist, will ichs vor
Ihnen sagen, die sich da anfressen. Aber dich

Zu Fatzer:
Hass ich am meisten, denn du bist der
Härteste und könntest dir zu fressen suchen.
Fatzer lacht.
Drum frag ich euch: Wollt ihr euch nicht
Die Luft anschaun
Mitunter oder ihr geht hinaus
Auf den Abtritt, daß ich den meinen
Allein treff. Ich sag jedem:
Er soll mir an die Beine
Langen, es dauert ein paar
Minuten, ihr entschuldigt solang
Drauf hab ich Anspruch.

KAUMANN
Halt dein Maul! Hast du
Keine Scham?

DIE KAUMANN
Grad die fehlt mir. Wenn
Ich dir dein Essen wegstell
Wirst du zornig. Aber
Was soll ich machen?

KOCH
Steht auf, nehmt euren
Teller mit und eßt draußen.

KAUMANN
Ihr könnt herinnenbleiben.
Wenn ich Gras fress, das merk
Dir, hab ich keine Lust
Mit einem Weib! Und
Dabei bleibts.
Die Kaumann steht auf, will hinaus.

FATZER *lacht, tritt zu ihr, greift ihre Brüste:*
Ich muß mit vier Lungen
Atmen.

KAUMANN

Ich bring ihn um.
Büsching hält Kaumann, Koch Fatzer.

KOCH

Er braucht einen Strick um den Leib.
Die Kaumann holt einen Strick. Die drei binden Fatzer.

KOCH

Ich spüre, uns hat jetzt auch noch
Eine Krankheit befallen! Eins unserer Glieder
Ist sehr geschwächt.
In dem Metall ist ein
Schnitzer unrein. Darum
Hälts
Nicht alles, ist
Wertlos.

KAUMANN

Vielleicht nur Messing und nicht Metall?

BÜSCHING

Tritt uns das Schicksal zwei Tag nicht
So hat es
Sich sein' Fuß verstaucht.

KOCH

Kein Strick hält länger, als
Seine schwächste Faser hält.

FATZER *auf Kaumann:*

Wenn einer seinen abgestandenen grünen Penis
In diesen fettigen Tümpel hängt
Steht der gleich auf, bange schon
Keinen Platz zu haben und fängt an
Von sich zu reden mit tierischem Ernst
Und
Zu vergessen, was ist.
Mir gefällt nicht mehr
Diese Welt.

Was ich nicht gern gesteh:
Gerade ich
Verachte solche
Die im Unglück sind.

KOCH
Jetzt müssen wir besprechen, ob wir
Weggehn wollen, jeder in seine Stadt
Oder bleiben in dieser.

BÜSCHING
Weggehn.

KOCH
Weil du jetzt von
Dotschen satt bist
Drum ist dir alles
Gleich.

FATZER
Aber von allen Unternehmungen bleibt
Nur das: zu leben
Unternehmung höchster Gefährlichkeit, kaum aussichtsvoll
Möglich allein durch Raub, aber von Stund an:
Ist jedes Pfund gesunden Fleischs ein Sieg
Dieses Dach über dem Kopf frisch zu baun jede Stunde
Und unser einziger Triumph, vielleicht gar nie erlebbar:
Am Rand dieser Jahre
Noch da zu sein.
Von uns allen bin ich
Durch Gehirn und Physis am fähigsten
Durchzukommen als einzelner, aber ich
Bin für Zusammenbleiben.

KOCH
Ich will euch auch sagen, warum
Nicht jeder gehen soll in seine Stadt:
Denn dann verschwände er

Unter den vielen ein Heimlicher, und suchte
Zu vergessen seinen gesetzlosen Zustand
Aber so
Stehen wir unkäuflich
Ganz ohne Namen, bei dem
Man uns anrufen könnte
Ganz unversöhnbar
Vier von gleicher Art, also gewöhnlich denkend
Und wohnen
In der Stadt des Feindes
Abwartend den Untergang
Derer, die sie jetzt
Unrechtmäßig bewohnen, aber nicht:
Ewig.
Bind ihm, Frau, den Strick auf.

FATZER

Jetzt, wo ich kein angebundener Hund mehr bin
Werde ich, euch übrigens wegen eurer Schwachköpfigkeit
Verzeihend, meine Sache mit diesen Fleischern beendigen.
Um euch
Einen Menschen vor Augen zu führen. Vor eurem
Untergang fordere ich euch auf, heut abend
Zu der euch bekannten Zeit am bewußten Ort zu erscheinen.
Dort wird der Spaziergang des Johann Fatzer
In aller Öffentlichkeit und
Unaufhaltsam stattfinden.

Fatzerdokument 7
Projektion: Politische Weltkarte

CHOR

Das war die Woche, wo
Das russische Proletariat ...
In Moskau
Lenin spricht!
13. und 14. März 1917
Die Deutschen dringen
Über den Dnjepr

Dies war die Lage in Europa als Johann Fatzer
Seinen Spaziergang machte.

Die Invasion 4
Fatzers Spaziergang
Fatzer auf dem Spaziergang, durch den er seine Genossen gefährdet

FATZER

Allen Menschen zugleich gehört die Luft und die Straße
Frei zu gehen im Strom der Verkehrenden
Menschliche Stimmen zu hören, Gesichter zu sehen
Muß mir erlaubt sein.
Ist doch mein Leben kurz und bald aus und unter den Gehenden
Werde ich nicht mehr gesehn. Selbst im Kampf muß ich atmen
Essen und trinken wie sonst. Vielleicht dauert er ewig
Nämlich länger als ich, und dann hab ich erschlagen
Überhaupt nicht gelebt. Auch die Brust wird verkümmert

In den Verstecken und wozu noch verbergen
Einen verkommenen Mann. Das alles beweist, daß ich gehen kann
Wies mir beliebt und wohin ich will.

DIE DREI *hinter ihm hergehend:*
Geh nicht weiter, Fatzer, du gehst nicht
Nur für dich. Du verbrauchst unsere Luft mit
Und verkürzest unsere Jahre.
Während sie Fatzer knebeln und binden und wegschleppen:
Damit du nicht herumgehen kannst wie ein andrer Mensch
Binden wir dich. Denn dein Herumgehen
Ist unser Verderben. Einen Strick um den Leib
Mußt du haben, damit du klug bist
Darum ist es keine Strafe, sondern
Hilfe.

IV

Fatzerdokument 8
Projektion: Black

CHOR

Das vierte Kapitel ist das der lähmenden Gesichte. Das Kommen großer Veränderungen im Geist der Menschheit kündigt sich durch Furcht an. An ihrer eigenen Furcht oder der von andern erkennen die Führenden das Kommen großer Veränderungen. Diese Veränderungen sollen sie durchführen. In unserer Zeit besteht eine große Furcht vor dem Überhandnehmen der Städte, und viele hängen Gedanken nach, dem zu entrinnen. Die Führenden aber wissen, daß alle diese Gedanken von Übel sind, und verwirklichen die großen Städte. So ist es auch mit dem Mechanischen und dem Nutzen der kollektiven Moral. Die Führenden erklären den Sinn des Mechanischen und den Nutzen der kollektiven Moral. Das Schwimmen gegen den Strom ist Torheit, aber es gehört Weisheit dazu, die Richtung des Stromes zu erkennen.

Das vierte Kapitel ist auch das der Zertrümmerung der Anschauungen durch die Verhältnisse.

Viele machen einen Unterschied zwischen der Vernunft und dem Gefühl und stellen die Vernunft unter das Gefühl. Zwischen der wahren Vernunft und dem wahren Gefühl ist kein Unterschied, der zu einem Kampf führt. Der Führende stellt das Gefühl aber unter die Vernunft, indem er die Vernunft nie ohne Stoff benutzt, den sie vernimmt.

Furchtzentrum die erste Enteignung
Das Geschlechtskapitel!

KOCH
Seit gestern denke ich: Sonderbar
Wie sich verändert, was so dauerhaft scheint
Und unverändert bleibt, was
Uns wurd flüchtig gelehrt
Immer war ich gewohnt zu denken, die Erd
Könnt sich jederzeit auftun, Feuer
Haben wir gesehen in der Luft, aber
Unsern Vater, der bei uns stand, mich, dich oder
Den da hofften wir zu sehen unverändert
Uns bekannt, Fleisch und Bein falsch
Der große Fatzer, der Koch aus dem Feuer trug
Am hellen Mittag wurd unvernünftig wie ein
Kind, fahrlässig wie Kies und der schwache
Weinende Koch hält ihm
Wie einem Hund den Stock vor, über den
Er nicht mehr springen kann, und fragt ihn
Das eiserne Gesetz ab, ihn so
Zur Gänze verwirrend. Und so
Wird er, der zu anderer Zeit
Nicht schlechter hätt sein müssen
Als mancher und alle
Gehalten über jeden Abgrund.
FATZER *gefesselt, beklagt seine Ausgestoßenheit:*
Ich bin ihnen wie ein Fuß
Der abgestorben am lahmen Flechsen hängt
Und den sie hinter sich herziehn ohne Lust
Ihn nur nicht abschneidend
Weil sonst ihr Blut rausläuft
Aber der Teil von ihnen ist fühllos
Drauf kann man treten, ohne daß sie

Au sagen, und wiewohl sie mich brauchen
Gibt mir keiner die Hand. Sie schauen mich an
Wie einen Kranken.
Schreit in der Nacht:
He
Wo seid ihr? Hier
Bin ich, Fatzer, ich kanns
Nicht mehr aushalten, ist hier
Keiner, der mich schießt
Ich bin der Dreck
In mich
Kann einer schießen
He.

CHOR
(ZWEITE) REDE VOM MASSENMENSCHEN
Wie früher Geister kamen aus Vergangenheit
So jetzt aus Zukunft, ebenso
Klagend, beschwörend, lähmend und ungreifbar
Einzig bestehend aus Stoff seines eigenen Geists
Seiner Furcht zuvorderst, denn immer Furcht
Zeigt an, was kommt, direkt vom Aug
Geht ein Strang zu Furcht. Dieser Geist des Massenmenschen
Lähmt mich besonders.
Seine Art ist mechanisch
Einzig durch Bewegung zeigt er sich.
Jedes Glied auswechselbar, selbst die Person
Mittelpunktlos.
Nicht Geist ists, was ihm fehlt zur Vollkommenheit
Sondern nur Stoff.
Diese Zeit wird nur vier Jahre dauern
Oder vier mal tausend.

CHOR / DIE DREI
Während Therese Kaumann bei dem an den Bettpfosten gebundenen Fatzer steht und liest:

Und wieder, obwohl von ihm, Fatzer, durchschaut
Vielleicht
Vorher, zu Beginn, nicht mehr oder kaum mehr,
wenn es
Sich wiederholt
Werden diese immer Ausgebeuteten, immer
Ihrer eigenen Bestimmung Entzogenen, auf dem
Marsch
Befindlichen in fremde Dinge hineingezogen ...
Die Situation muß so halluzinativ sein wie gestellt
Schon in der Vision vorher geschaut, aufgebaut und
Ihre Zustimmung mechanisch, schon von Anbeginn an
vorgesehen, einstudiert!

Sie haben nichts gelernt als ihre
Solidarität, die
Ist, was sie vernichtet.

I

CHOR
Und er lag dort drei Tage. Und das Weib brachte ihm
Sein Essen und er fragte sie:

FATZER
Wie lebst du?

CHOR
Sie sagte:

THERESE KAUMANN
Schlecht lebe ich; denn ihr sitzt herum Tag und Nacht
Daß ich nicht zusammenliegen kann mit meinem Mann.

Seit er zurückgekehrt ist, hat er mich nicht berührt.

CHOR

Und er bat sie mit schlauen Worten, daß sie ihn los
Binde und sie tat so und er schwängerte sie. Da lief
Sie zu ihrem Mann und dachte
Jetzt aus ihrem Haus zu
Bringen, die ihr lästig waren, und führte Klage über
Fatzer. Sie kamen zu ihm und sagten: Stehe auf.

FATZER

Wie
Kann ich aufstehn, wenn ich gebunden bin?

CHOR

Du bist
Nicht gebunden, sondern das Weib hat dich
Losgebunden und du hast sie geschwängert.

FATZER

Habe ich
Das?
So muß ich stärker sein als ihr alle, obwohl
Ihr mich mit Stricken gebunden habt.

CHOR

Und der Mann sagte:

KAUMANN

Jetzt geht weg aus meinem Haus
Daß ich allein lebe mit meinem Weib, denn sie verlangt
Es und mein Haus ist ihr Haus.

2

FATZER

Er zwingt sie zuzugeben, daß sie zu wenig gevögelt wird. Dann sagt er, sie müsse den Umständen die Schuld zumessen, da Kaumann durch magere Kost geschwächt sei. Dann beweist er ihr, daß die Umstände sie nichts angehen. Er fragt sie, ob sie nicht, indem sie selber sich befriedige, es mit allen tut, an die sie denkt, mit Fremden, die vorübergingen und den Hut schief aufhätten, mit Koch wohl auch, mit ihm, sogar mit Hunden?

THERESE KAUMANN

Nein! Das ist nicht wahr!

FATZER

Schreit sie. Dann frage er
Sie, ob sie an Gott glaube? Oder wenigstens ihn fürchte?

THERESE KAUMANN

Nicht mehr.

FATZER

Warum dann fürchte sie, daß einer, ohne
Sich Zeit zu nehmen, seine Hosen auszuziehen, sich auf
Sie werfe und wisse, daß sie naß ist?

THERESE KAUMANN

Weils viel be-
deutet.

FATZER

Es bedeute nichts. Ob sie denn glaube, daß
Zwei auf einer Insel, verschiedenen Geschlechts, doch ohne
Neigung – nicht mehr als zwischen ihm und ihr – auch
Ohne Haß – wie bei uns – oder vielleicht sogar mit
Haß Jahre zusammen lebend oder auch Tage, sagen wir
Eine Nacht, in einer Hütte – wie hier – oder sogar einen Tag entfernt, sich nicht zusammenlegten?

THERESE KAUMANN

Doch wohl.

FATZER

Gut.
In der Natur ist dies Geschäft eben dringend.
Der Geist des Menschen, Zucht und ähnliches, vermags

Zu hindern, – wie bei uns –, so wie das Weib, wenns einen Mann
Hat, dann wärs wohl unmöglich.

THERESE KAUMANN

Freilich.

FATZER

Auch wenn
Er nicht da wär, obgleich, nein, 's wär nicht möglich
Selbst wenn er da wär, aber nicht könnte, denn dies
Gäbs.

Therese Kaumann lacht.

Freilich solche Umarmung aus Gelegenheit, körperlichem Drang, Lust, den Arm in eine Achselhöhl zu schieben, wär wenig bedeutend: eben nur, daß eben der Arm läg in der Achselhöhl.

Therese Kaumann lacht wieder.

Ich seh, daß du dich grämst, das zuerst denkend, weil dein Mann dich wenig ansieht, dann denkend, wohl aus andrer Ursach, vielleicht wegen zu harter Arbeit, dann auch, daß du etwas krank aussiehst, ein wenig älter als deine Jahre, nicht viel, muß nichts bedeuten, auch seh ich, kämpfst du gegen dich, das ist löblich, 's ist schmachvoller als alles für ein Weib, dies zu brauchen, nur weil einer sie anfaßt, hinzusinken oders zu wollen. Ich merk, du bist klüger, weißt, dein Mann ist geschwächt durch magere Kost und kommt nur darum seltener, besser als er käm gar nicht. 's ist übrigens lang nicht so wichtig; das heißt in der Natur, dies sieht man daran, daß Männer und Weiber oft, wenn sie nicht lieben aus besonderen Umständen, andres täten, wovon man nicht spricht, aber nur aus Dummheit, denn 's ist natürlich, ich sags offen: Ich tu's mitunter, ich weiß, auch du, 's ist natürlich und rasch vorbei, nur fast zum Lachen, oft so, daß der oder die mit keinem Mann schläft, dann im Geist 's mit allen treibt, undsoweiter.

Wie lebst du?

THERESE KAUMANN

Schlecht lebe ich.

FATZER

Das habe ich
In einem Buch gelesen:
Die stärksten und bösesten Geister haben bis jetzt die Menschheit am meisten vorwärts gebracht: sie entzündeten immer wieder die einschlafenden Leidenschaften – alle geordnete Gesellschaft schläfert die Leidenschaften ein – sie weckten immer wieder den Sinn der Vergleichung, des Widerspruchs, der Lust am Neuen, Gewagten, Unerprobten, sie zwangen die Menschen, Meinungen gegen Meinungen, Musterbilder gegen Musterbilder zu stellen. Mit den Waffen, mit Umsturz der Grenzsteine, durch Verletzung der Pietäten zumeist: aber auch durch neue Religionen und Moralen! Dieselbe Bosheit ist in jedem Lehrer und Prediger des NEUEN, welche einen Eroberer verrufen macht, – wenn sie auch sich feiner äußert, nicht sogleich die Muskeln in Bewegung setzt und eben deshalb auch nicht so verrufen macht! Das Neue ist aber unter allen Umständen das BÖSE, als das, was erobern, die alten Grenzsteine und die alten Pietäten umwerfen will; und nur das Alte ist das Gute! Die guten Menschen jeder Zeit sind die, welche die alten Gedanken in die Tiefe graben und mit ihnen Frucht tragen, die Akkerbauern des Geistes. Aber jedes Land wird endlich ausgenützt, und immer wieder muß die Pflugschar des Bösen kommen.
Bind mir den Strick auf.
Therese Kaumann bindet Fatzer los, er verführt sie.
Und er ergreift ihre Brust unterm Hemd, die liebliche
Seine grobe Hand überredet sie, sorgt, daß sie
Aufsteht und hart wird, und er ergreift

Sorgsam ihr Hinterteil und wiegt es
Freudig und merkt, daß die
Enggepreßten Schenkel sich öffnen und
Ihre Hand ihn zu sich zieht, und das Spiel so sehr alt
Erneuert sich und auch
Die beliebte Bewegung.

Beischlaf. Während des Beischlafs lesen die drei, dem Publikum die Sicht auf das fickende Paar verstellend, den Kommentar über das Lehren der geschlechtlichen Liebe.

CHOR

Unrichtig handeln, die dem Lernenden das Geschlechtliche als natürlich hinstellen, als sauber, harmlos und verständlich. Recht aber haben, die es ihm als unnatürlich beweisen, also als schmutzig, gefährlich und unverständlich. Jeder weiß, daß bei allen Tieren das Geschlechtliche nicht natürlich ist, denn sie leben ihre längste Zeit wie ohne Geschlecht. Aber nicht um den Lernenden von der Liebe abzuhalten, soll man ihm die Liebe so schmutzig oder unnatürlich schildern, sondern allein um ihm die Wahrheit zu sagen. Nicht um ihm Abscheu zu erregen, sondern um ihn Schrecken zu lehren. Darum ist die beste Art, ihn die geschlechtliche Liebe zu lehren, so, wie es die Knaben unter sich machen: sie reden lachend und erhitzt vom Geschlechtlichen und zeichnen große und schmutzige Symbole auf die Wände der Häuser, die jenen gleichen, die von den Religionen der weisesten aller Rassen benützt werden. Und auch dadurch ist diese Art der Belehrung gut, weil sie unter solchen vor sich geht, die sich nicht nur mit Worten, sondern auch mit Händen berühren können. Warum aber ist das Geschlechtliche unnatürlich? Viele sagen, daß es wohl grauenhaft sei, Leben zu erzeugen, und nur durch eine schlimme Lust werde der Mensch verlockt, solches zu begehen. Dies scheint zu beweisen die Trauer nach dem Beischlaf, die allen Tieren gemeinsam ist. Auch sind die Zuckungen des Weibes beim Beischlaf so, als wäre es krank, denn wenn dieses Krankhafte auch Lust erzeugt, so ist es deswegen doch krank.

KAUMANN *brüllt:*
Dieser muß hinaus.

FATZER
Nehmt an, ein Weib
Muß mich losbinden, und wie sollt ichs zahlen?

THERESE KAUMANN *schreit:*
Ich verlang, daß die alle
Weggehn.

KAUMANN
Jetzt geht weg aus meinem Haus
Daß ich allein lebe
Mit meinem Weib, denn sie
Verlangt es, und mein Haus ist ihr Haus.

CHOR
Kaumann bricht in einen Paroxismus des Besitzes aus.

KAUMANN *zum Grammophon:*
Wenn immer du meine Frau
Gebrauchst
Ist es da ein Wunder, wenn
Die Freundschaft leidet
Meint ihr, daß mir das
Nicht Schmerz bereitet
Wenn ich dich nicht watsche, daß du
Rauchst.

CHOR
Sie beraten, um einen Tisch sitzend, es ist Nacht geworden, einer stellt revolutionäre Thesen über Freiheit des Sexus auf und: was einer braucht, muß man ihm lassen. Aber dann müssen sie hinaus und draußen ist – Regen. Die Thesen werden zurückgezogen, aber dann kommt der Hunger zur Beratung.

Regen.

BÜSCHING

Ja wenn es nicht regnete
Und wär kein Frost und keine
Kälte früh
Könnt alles gehn, wies geht.

FATZER

Seit ich machte, das ihr
Mein Verbrechen nennt, habe ich
Einen klareren Kopf und bin
Stärker. Es ist, als ob
Der in bedrängter Zeit für Nachkommen sorgt
Von der Natur mitbekäme die Kunst
Für sie zu sorgen. Drum biet ich euch an
Was ich mir ausgedacht hab
Für unsere Lage
Meinen Plan
Der euch Essen verschaffen würd für Wochen
Nämlich Heimarbeit
Zu leisten, also uns
Einzurichten auf lange Belagerung, auch das Weib
Das ich eben genommen hab, zu verwenden dazu
Arbeiter anzulocken
Teils um die Bewohner dieses Hauses, das wir von jetzt
Geraume Zeit bewohnen werden, an fremde
Gesichter zu gewöhnen. Sie werden sagen, die
Gehn zur Kaumann. Sie hurt
Teils um von denen zu erfahren, wie
Unzufrieden die Fabriken sind
Und ihre Unzufriedenheit zu stärken, wovon viel
Abhängt.

KAUMANN

Das sagst du, weil du
Von ihr satt bist.

BÜSCHING *tritt zu Fatzer:*
Was einer braucht, muß er haben
Aber was wir brauchen, das
Mußt du hergeben, Fatzer.

KOCH
Wir sind
Zu sehr gedrückt
Unter dem Boden hausend
Von Fleisches Abfall, mühsam atmend
So unmenschlich, das kann nicht dauern.
Alles ändert sich, wir aber
Sollen uns nicht ändern?
Über uns, jeder Stein
Ändert sich und im Fluß
Ist das Haus, das uns verbirgt.
Denn durch die Umständ
Wurd uns dein Dach mehr als dein Bett. Dein Lager
Ist wichtiger als durch dich, weil drauf
Nicht Regen fällt und Blick der Menschen fällt
Und können wir dir dein Lager nicht zahlen durch Umarmungen
Geschwächt durch Hunger oder weil wir zu viele sind
Müssen wir doch, wenn eine Mahlzeit mit Fleisch
Oder wenn deine Leibeswärme uns zwingt, auch noch
Zu dir kommen deswegen.
Aber wichtiger
Weil lebensnotwendig
Ist Einigkeit und drum
Können wir auch nicht
Dem Weib ans Fleisch greifen und erhoffen
Daß es uns das Brot bäckt, sondern müssen
Anrufen deine Vernunft, ob stark oder schwach.

Fatzerdokument 9
Projektion: Zu schwach, um uns zu verteidigen, gehen wir zum Angriff über

CHOR *liest:*

Furchtzentrum des Stücks. Während der Hunger sie anfällt, geht das Dach über ihren Köpfen weg, verläßt sie ihr bester Kamerad und spaltet sie der Sexus. Hin und her schwankende Entschlüsse. Anarchie, Verwilderung. Dann konstituiert sich eine Art Sowjet. Die Uneinigkeit führt zum System der Stimmenmehrheit. Beschluß gegen das Besitzerrecht, für die Freiheit der Frau. Für Terror.

KOCH

Zu schwach, uns zu verteidigen, gehen wir
Zum Angriff über.

CHOR *liest:*

Unter dieser Devise kämpft Koch angesichts des vorhandenen Interesses der Umwelt für sie immer verzweifelter für revolutionäre Tätigkeit. Koch begrüßt also alle auftauchenden Schwierigkeiten – Abfall Fatzers, steigende Aufmerksamkeit des Hauses, Hunger, sexuellen Individualismus, Besitztrieb Kaumanns undsoweiter und verwendet sie bewußt *zynisch* für die Revolutionierung.
Schluß: die NÖP

CHOR
PROJEKTION: KAUFHAUS KAUFHAUSBRAND

Stehe auf, Keuner, und gehe
Durch die Stadt und
Untersuche du, ob es
Nichts besseres gibt als
Eure Sache, den Fatzer.

Betrachte alle, die dir begegnen, und
Prüfe jeden! Höre ihre Rede und
Befühle den Stoff, woraus
Ihr Rock und Gedanke gemacht ist
Ob sie satt sind oder hungrig
Mühsal ertragen, aber
Noch bereit, zu tragen größere Mühsal, um
Zu beseitigen alle Mühsal.
Denn wenn es gäbe nur fünf
In der ganzen Stadt
Welche bereit sind und fähig
Zu machen den Umsturz, dann
Geselle dich ihnen sogleich
Laß alles Alte liegen und
Beschließe sogleich Neues
Nämlich den vollkommenen Umsturz.

Geschlechtskapitel 2

FATZER

Ich weiß nicht, ob ich mein Stück Fleisch herausschnitt
Wies alle Welt tut, aber ich darfs nicht
Da muß ich acht geben, daß ich nicht in ihre Tretmühl
Hereinkomme, nur weil
Ich nicht darf und sie mahlt
Entkörntes Stroh.
Dies Fleisch ist faul und nicht mehr
Lohnt sichs für einen Mann
Wie mich, etwas zu übernehmen, was
Heute faul und morgen unbekannt.
Doch bin ich geboren mit Hang zum Nehmen
In aller Welt.
Ich will aufpassen, was sie machen

Denn
Es ist Methode drin, die sie nicht kennen
Ich aber kenn sie.
Trät man ihnen mit einem Stiefel
In die Visagen, die merktens nicht
Die haben Visagen wie hornige Hufe
Sie werden nicht
Viel anders. Sie sind
Nichts als unzerstörbar. Ich aber
Will nicht so sein.
Ich studier sie. So wie sie
Ist die Zukunft
Die sehr schlecht ist.

Zwei Arbeiter kommen zur Kaumann. Einer geht mir ihr in die Kammer, der andere wartet auf einem Stuhl. Koch liest dem Wartenden aus dem Kommunistischen Manifest vor.

DER WARTENDE
Bist du bald fertig?

ARBEITER *kommt aus der Kammer:*
Jetzt.

KOCH *während der Arbeiter seine Kleidung ordnet:*
Ist alles ruhig in der Stadt.

ARBEITER
Alles ruhig.
Arbeiter ab.

FATZER
Die sind in Ordnung, aber ich
Bin in Unordnung.
Am letzten Morgen, am Kanal irrend
Erblickt ich die Kräne
In Arbeit und hörte die
Stimme eines Arbeiters mit
Seinem Kran sprechen.

Was ihr nicht begreift, ist die Mechanik.
Koch, du kannst nicht
Für dich sorgen und willst
Der ganzen Welt helfen.
Euer Finger, mit dem ihr
Auf das Unrecht der Welt zeigt, ist
Schon faul: ein schwarzer Finger!
Und euer klagender Arm
Fällt schon aus der Schulter!

KOCH

So schlecht, Fatzer, ist eben unsere Lage, daß
Weniger als die ganze Welt uns nicht helfen kann.
Also muß ein Plan, uns zu helfen
Der ganzen Welt helfen.

FATZER

Alles, was nach uns
Geschieht ist
Als geschäh es nicht.

V

Das Volk in Mülheim

I

CHOR

An eine Mauer hin führen Soldaten
Im Stahlhelm einen bleichen Mann, der
Gefesselt ist.

DER MANN

Wenn ihr mich jetzt vor die Obrigkeit
Führt, dann wißt: ich bin einer, der
Für euch gewesen ist.

SOLDAT

Ich verriets, wenn einer für uns ist.

DER MANN

Wartet etwas.

SOLDAT

Hast du jetzt Angst?

DER MANN

Ja, das habe ich auch: aber darum
Rede ich nicht. (Ihr wißt warum ich
Rede) ich will nur, daß ihr etwas
Wartet: daß ich euch sage, wie die
Weltlage jetzt ist; denn das wißt ihr
nicht.

SOLDATen *lachen:*

Gut, sage uns, wie die Lage auf der Welt ist!

DER MANN

Ich will euch etwas fragen:
Wißt ihr, warum ihr uns verhaftet habt?
Die Armen werden ausgebeutet.

DER SOLDAT

So, und jetzt gehn wir weiter.

DER MANN

Halt! Aber Ausgebeutete aller
Völker fangen an zu wissen, daß
Sie zusammengehören und der Krieg gegen
Sie geht.

SOLDAT

Gibt es schon eine Stelle, wo
Etwas gemacht wird?

DER MANN

Ja. In Rußland.

SOLDAT

Sind das keine Verbrecher?

DER MANN

Nein. Arme.

SOLDAT

Du willst wohl, daß wir dich
Laufen lassen?

DER MANN

Hast du mich nicht verstanden?
Ihr sollt nur wissen, daß
Es auch für euch bald Zeit ist.

SOLDAT

Aber wenn es so ist, wie du sagst
Und wenn so viele sind
Warum wirst du dann umgebracht?

DER MANN

Weil ihr sonst umgebracht werdet!

SOLDAT

Du, der du so gescheit bist
Wirst du nicht umgebracht?

DER MANN

Ja.

SOLDAT

Können wir

Jetzt weitergehen?

DER MANN

Ja jetzt können wir weitergehen.

2

SOLDAT

Sie haben einen neuen Plan jetzt oben, von dem heißt es: er ist so gut, er muß glücken. Also sie wollen mit Staffeln und alles an eine Stelle jetzt endgültig durchdrücken und dann rollen sie auf. Das ist ein Plan, so fein, daß man sich wundert, daß das menschliche Gehirn so etwas ausdenken kann.

ZWEITER SOLDAT

Aber es wird ihnen nichts nützen, Josef:
Ihr Kampf ist umsonst, weil sie das Volk nicht ausrotten können, mit keinem Plan der Welt nicht. Weil es alles aushält, die feinsten Pläne. Alles. Nicht nur wenn sie die Söhne des Volkes behindern und sie anbinden, die Heldensöhne, in die Luft sprengen wollen, das hilft alles nichts, es muckst sie nicht und das Volk hält es aus, aber auch den intelligentesten Plan, wo die Generale machen, wenn sie beim Kaffee sind, den hält es auch aus. Das ist, weil der Darm eher reißt als die Geduld, wenn der Gehorsam erzeugt wird.

ERSTER SOLDAT

Wenn du das noch lauter schrein magst, wird dein Darm bald reißen.

ZWEITER SOLDAT

Wie wir in Polen gestanden, da haben wir in dem Tornister von denen Russen, wo wir den Garaus gemacht haben, lauter Zettel mit aufrührerischem Inhalt gefunden, die waren deutsch gedruckt. Das war das einzige, was wir über die Lage in der Welt gehört haben. Und dazu haben wir jedesmal erst einen erschießen müssen. Wir sind nicht gescheit.

ERSTER SOLDAT

Wir sind nie nicht selbständig gewesen.

ZWEITER SOLDAT

Das ist eine solche Dummheit, was du sagst! Die wo selbständig sind, die soll man am ersten erschießen. Die wo uns am Strick halten, die sind selbständig. Da geht keine Revolution durch, wo lauter Selbständige sind, das verstehst du nicht. Das ist unsere Kraft, daß wir nicht selbständig sind, und die von uns noch so wild tun und sind solche eigenen Köpfe, die müssen zuerst weg, wenn wir uns rein halten wollen, die zuerst. Sonst wird die Welt nicht anders.

ERSTER SOLDAT

Das sagst du alles jetzt nur, weil du nicht verstehst, wie sie sich ihr Fleisch herausschneiden!

ZWEITER SOLDAT

Das ist die Hoffnung, daß es solche gibt, die nichts verstehen von dem, was die verstehen müssen, damit so ein Sumpf bleibt.

3

Ein Sieg der Deutschen wird gemeldet.

FATZER

Schüttelt die Glocken über uns, bis sie abfallen!
Erhungert euch
Noch einen Sieg! Werft eure hungrigen Horden
In ein zwanzigstes abgenagtes Land!

FRÜHHAUPT

Ach halts Maul!
Was soll ihre Niederlage uns helfen? Außer wir überleben sie?
Überleben wir sie? Sie werfen uns wie Handgranaten

Auf ihre Feinde, uns am Halse haltend, bis wir geworfen sind.

FATZER
Du überlebst es nicht. Ich seh dirs an. Da sind so Dullen
In deiner Schläfe, die hab ich oft gesehn
Bei Leuten, die absackten.

FRÜHHAUPT
Du sollst das Maul halten!
Da ist nichts in meiner Schläfe, zehn Jahre
Wenn sie noch siegen
Werd ich sitzen und lachen über sie unterm Boden.

FATZER
Lach! Lach einmal! Dich halt ich für schon begraben.
Du stinkst schon.

FRÜHHAUPT *aufstehend:*
Jetzt reiß ich ihm die Fresse heraus!

KOCH
Setz dich, Frühhaupt!
Er will nur was zum Niederschlagen. Freunde, laßt uns vernünftig
Unserer neuen Niederlage ins Gesicht sehn!

FRÜHHAUPT
Sagst du vernünftig
Du mit deiner Vernunft! Ich scheiß auf sie! Ich will
Nicht mehr vernünftig sein. Es nützt nichts, wenn ich den Stuhl annag
Ist es ebenso gut.

FATZER
Frühhaupt, nag den Stuhl an! Mir zu Gefallen
Nag ihn an! Ich geb dir recht. Der Koch
Soll dir zusehn dabei! Das ist gesund für ihn!
Er schleudert Frühhaupt einen Stuhl hin.

FRÜHHAUPT
Ihr Teufel! Ihr seid schuld! Ihr
Seid meine Feinde. Niemand sonst. Ihr
Bringt mich um!

KOCH
Frühhaupt, Frühhaupt beruhig dich!
Diese Zweifel an der Vernunft kenn auch ich, in solcher Verwirrung
Ist diese Welt, wo bald dies und bald das geschieht, beinah
Nie, was voraussehn könnt, daß vernünftig sein
Fast schon unvernünftig ist, oder doch so aussieht. Du als Maurer
Weißt, was ein Winkel ist, aber ein Winkel ist Dreck
Auf einer krummen Wand. Dieses Glockenläuten
Verwirrt uns, was wir da denken, gilt nicht. In der Nähe
Großer Unvernunft ist schwer denken. Besser wir
Denken jetzt nicht und nähen ein paar Hosen. Einverstanden?

FATZER *springt auf, wischt das Nähzeug vom Tisch, schreit:*
In einem Land, wos keine Ehre gibt
Ist jeder ehrlos. Willst du dich
Bis zum Hals steckend in Schlamm
Während von oben dir Dreck ins Aug rinnt
Dich beklagen, daß einer, der vorbeigeht, nicht
Den Hut vor dir abnimmt? Vom Mutterleib an unerwünscht
Von Deinem Vater im Mutterleib bekämpft
Beschützt aber auf Staatskosten von
Deinen Schlächtern
Wir haben mit denen nichts zu tun, als
Hälse abzuschneiden.

Fatzerdokument 10
Projektion: Brecht

CHOR
Zerstörung des Zimmers
Der Zeit
Das Ganze, da ja unmöglich
Einfach zerschmeißen
Für Experiment – ohne Realität
Zur Selbstverständigung
Alles, was heute gedacht wird, ist
Nur, damit gut erscheine, was alles gemacht
Wird! Alles, was heute gemacht wird, ist falsch, also ist alles, was
Heute gedacht
Wird, falsch
Der Zweck, wofür eine Arbeit gemacht wird, ist nicht mit jenem Zweck
Identisch, zu dem sie verwertet wird
Die Erkenntnis kann an einem anderen Ort gebraucht
Werden, als wo sie gefunden wurde.

VI

Fatzer raubt Fleisch und mordet / New York
Die Brustbeutel

FATZER *mit Fleisch in einer Zeitung:*
Fleisch.

KAUMANN
Wie kommt das Blut
An deinen Ärmel, Fatzer?

FATZER
Wollt ihr Fleisch fressen
Und könnt kein Blut sehn.
Da ist ein Zeitungsblatt!
Darin steht, daß wir viele
Städte gebaut haben
Über
Dem Atlantischen Meer, zwanzig
Stockwerke hoch. Aus reinem
Zement und Eisen! Es ist
Ein Bild da, ich kenne die
Häuser, ich habe sie mir so gedacht.
Hier ist das Bild.
Eine neue
Stadt mit Namen New York
Dies hat gemacht
Unser Geschlecht, oder eines
Das ihm ähnlich ist.

KOCH
Was hat es genützt? Jetzt
Laufen wir wie Ratten in dieser
Höhle herum. So werden sie uns noch
Herausziehen. Wir können uns
Nicht halten gegen alle.

BÜSCHING
So nicht.
KAUMANN
Hast du
Geschlachtet, Fatzer?
FATZER *lacht:*
Kann sein: einen Fleischer.
Das Morgenrot
Ist sehr schön und der Mensch
Hat ein Herz und es ist
Kühn, eins zu haben.
Jung ist freilich
Besser als alt.
Was vorbei natürlich
Ist nicht besser als
Was kommt
Und nicht so
Verschieden ist die
Schlachtluft voll Feuer und Rauch
Von einem Sommertag
Als dieser Fatzer von jenem ist
Also sind die Situationen
Die Mütter der Menschen.
Es gibt auch andres, andere Wege
Aber ich
Rat euch nicht, sie zu beschreiten.
Ganz unbeurteilbar
Ist der Mensch dem Menschen
So wie gegangen durch
Ungeheuren Magen
Der jeden Knochen und Haut durch
Saft einschmilzt
So daß du aus dem Kot nicht
Fisch noch Apfel auskennst

So liegt im trüben Brei das Menschenleben
Ist es genossen vor dem Aug der Welt
Nach was er griff, den gierigen
Mund zu stillen
Gegangen ists aus Luft und Wasser und
Nicht
Daß er flog, der Vogel, war Grund
Noch daß er schwamm im salzigen Naß
Der Fisch
Als er verschwand dem Fleische zulieb.
Es ist alles gleich
Denn mir ist übel, glaubt
Mir: mir ist übel.
Ich kann nicht tun mehr
Was gut mir und vorbestimmt
Und das, was euch nichts
Ausmacht: daß der Regen
Von oben nach unten fällt
Das ist mir
Ganz unerträglich. Daß im
Alphabet
Nach A B kommt und nichts
Sonst. Euch ists recht
Aber mir ists ganz ärmlich.
Fatzer, du mußt
Eine Rechnung machen
Mit aller Weisheit und Erfahrung
Deines Alters, die
Nicht aufgeht.
Geht mit einem Strick.

BÜSCHING

Neulich, wie wir
Über die Eisenbrücke gingen
Abends sieben Uhr und

Weil wir nicht wußten
Was anfangen, stehen blieben
Das Wasser anschauen
Blickten wir, Kaumann und ich
Nach der hellen Seite hinüber
Während er
Blickte nach der dunklen
Und redete finster
Von kommender Zeit.

KOCH

Nur bis zum Verbrechen
Reicht seine Lust aus.
Plötzlich:
Es ist einer unter uns
Der ißt und tut nichts.
Den kennen wir noch nicht
Aber es ist eine Zeit, wo
Wir alle kennen müssen.
Denn es weiß niemand
Ob wir morgen noch auf der
Welt sind! Deshalb wollen
Wir ihn ausprobieren
Und
Darum frage ich euch: seid ihr
Bereit, das dranzusetzen, was
Wir haben, daß wir sehen, wie es
Mit ihm steht?

BÜSCHING

Was haben wir denn.
Du bist einer, der mit dem
Kopf durch die Wand will.
Der Mensch ist nicht wie ein
Kiesel, der nie weicher ist.
Ich warne dich, Koch!

KOCH

Aber du bist einer, der
Geschunden werden muß, weil
Er alles aushält. Macht das
Nicht mit mir, ihr, daß ihr
Redet und es bedeutet nichts.
Die Wahrheit ist, daß ich nicht
Mehr geschlafen habe, seit einer
Von uns nicht da war.
Er hat gesagt: ich komme
Das kann ihm den Hals kosten.

BÜSCHING

Es ist doch alles wie sonst
Koch, wenn du gegessen hast
Scheißt du, nachts hast du
Schlaf gegen elf Uhr spätestens.
Was hast du nur.

KOCH

Das verstehst du nicht. Aber ich
Sage dir: das ist eine Schlacht, in
Der wir stehen, und die hört lang
Nicht auf!

BÜSCHING

Wenn du das Fieber gehabt
Hast, hat er nichts gesagt und
Dich in den Zug getragen.

KOCH

Warum aber?

BÜSCHING

Er tut vielleicht nur, wozu
Er Lust hat.

KOCH

Dann muß man diesen
Aussatz auskratzen.

BÜSCHING

Du bist ein sehr rascher
Mensch, Koch!

KOCH

Darum, weil ich das weiß
Bin ich der Langsamste. Und
Drum will ich, daß wir ihm
Eine Gelegenheit geben.
Daß er uns zeigt: alles sei
Wie in unserer guten Zeit und er
Sei wie ehemals. So wie man einem Toten
einen Pfennig in die Hand gibt oder ein Mahl
Hinstellt auf den Erdhügel.
Wir wollen ihm unsere Pässe geben
Und das Geld, das wir noch
Haben, dann wird er sehen
Daß wir Vertrauen zu ihm haben
Und es nicht enttäuschen. Das
Sind wir ihm schuldig.

BÜSCHING

Das sehe ich nicht
Das wird ihm nichts bedeuten.

KOCH

Du kennst seinen Plan nicht
Ich aber weiß, wie er ist.

KAUMANN

Wenn er ein Verräter ist
Dann muß er hingehen.

KOCH

Gebt eure Sachen her!
Sie ziehen ihre Brustbeutel.
Fatzer!
Wo bist du?

FATZER *am Strick, die drei schneiden ihn ab:*
Eure ungesunde Lust
Wie Räder zu sein
Ich aber wills nicht.
Das sind Leute, die wollen
Daß alle gleich sind, und können doch
Allein nicht leben.

KOCH
Wir wissen nicht, was aus
Uns wird, weil wir nichts
Mehr zu fressen haben nach
Diesem Fleisch und wenn sich
In dieser Stadt nichts rührt
Als gegen uns. Da
Haben wir unsere Brust-
beutel ausgeleert und
Du sollst es aufheben, denn
Einer ist sicherer als vier
Und du warst immer der
Sicherste.

FATZER
Koch, du bist
Ein schlechter Hund, ich
Kenne dich.

KOCH
Willst du es also nicht nehmen?

FATZER
Überleg es dir noch, eine
Minute geb ich dir.

BÜSCHING
Was heißt das, Fatzer?

KAUMANN
Nimm, was wir dir geben.
Wir haben das Vertrauen.

FATZER *nimmt es:*
So gib es her, was ihr habt!
Lacht.

KOCH
Von allem, was er uns gemacht, hat nichts
Mich so zum Kochen gebracht, als wie er
Vor unseren Augen, die nichts sehen konnten
Aus der Luft den Plan holte in Minuten
Der unserem Hunger ein End macht für ein halbes
Jahr.
Fatzer auf der Straße immer noch lachend, verschmeißt die Pässe und das Geld der drei.

Fatzerdokument 11
Projektion: Wir hören auf / Wir hören den Krieg auf / Anschluß an Morgen / Was da ist, ist übriggeblieben

CHOR *liest:*
Ihre Odyssee beginnt mit ihrem durch den Individualisten Fatzer gegebenen Irrtum, sie könnten, einzeln, den Krieg abbrechen. Hierdurch, da sie, um zu leben, sich von der Masse scheiden, verlieren sie ihr Leben von vornherein. Sie kommen nie mehr zur Masse zurück. Daher: immerfort Versuche und Beschlüsse, zurückzunehmen. Solche Erkenntnisse nehmen den Charakter von Literatur an. Sie zitieren die »Stellen« späterhin, treffen Veränderungen. Der Satz, den sie auf den Tank schrieben: WIR HÖREN AUF, wird (Literaturcharakter!) jetzt von Koch verbessert in WIR HÖREN DEN KRIEG AUF, an die Wand des Zimmers geschrieben. Die Tragik des Schlußteils ist eine dialektische, insofern als Fatzers Schädlichkeit, als Typ, dadurch sichtbar wird, daß er alle andern (drei) in Pri-

vates verwickelt – indem er sie verlockt, ihn zu vernichten, vernichtet er sie – richtig wäre es, niemals den Anschluss an morgen zu verlieren, um zu vergessen, was gewollt wird, alles andere als Hindernis zu sehen, nichts als hauptsächlich zu Bewältigendes, was dann Ziel wird, richtig für sie, abzuhauen und dem Typ Fatzer die Beachtung zu versagen. Sie gehen daran zugrunde, daß sie Solidarität anwenden auf einen, der sie nicht hat. Für sie ist es selbstverständlich: nur alle zusammen kommen heraus oder keiner. Sie wollen ihn bis zuletzt mitnehmen, ob er will oder nicht. Fatzer glaubt an den blindwütigen Zufall, was da ist, ist Übriggebliebenes, das Chaos. Koch ist es, der die Notwendigkeit des Krieges erkennt und den Beschluß faßt, ihn zu liquidieren.

VII

Die letzte Enteignung: Das Todeskapitel 1 Fatzer und das Mädchen

MÄDCHEN
Der Teufel weiß, warum ich dich
Mir hier hereinsetz
Und 's gern seh, wenn du meine
Suppe ausschlappst
Und zu mir im Bett bist wie einer
Der dabei raucht
So einer wie du war mancher
Letzter Anblick.

FATZER
Ich hab solche, die kleben an mir wie
Dreck am Hund. Was sie an mir hält
Weiß ich nicht
Wenn sie kommen
Bin ich nicht da.

MÄDCHEN
Fürchtest du sie, Kleiner?

FATZER
Gar nicht, laß die Tür zu.

MÄDCHEN *hat die Tür geöffnet:*
Horch das Geschieße!
Und Läuten! Da ist was los!

FATZER *steht auf:*
Mach auf! Schießen? Das ist
Was ich gesagt hab
Dies sind wir, die schießen!
Jetzt kommen sie und ich
Stell mich!

FRAU DES KAUMANN *außen:*
Wohnt hier ein Mann namens Fatzer?
Dann gib ihm den Brief!

FATZER
Gib ihn her! Marie!
Sag ihnen, jetzt
Sei alles in Ordnung. Wir
Werden uns bald sehen, sie sollen
Losgehen!

MÄDCHEN
Sie hats gehört und ist
Weg.

FATZER *liest:*
Lieber Freund,
Wo bist du?
Weil wir dich brauchen, darum
Komm zurück und wir
Reden, wie es zwischen dir
Und uns steht, daß es nichts mehr gibt!
Deine Freunde.

MÄDCHEN
Ist das von denen, die an dir
Kleben wie Dreck am Hund?
Und sofort stehst du auf?

FATZER
Ich seh, ich steh auf.

MÄDCHEN
Das ist geradeso, als pfeift
Der Dreck seinem Hund!

FATZER *schlägt sie:*
Da friß, das ist was
Weil du geredet hast, wenn
Was zwischen Männern ist
Und jetzt: nimm deinen Koffer

Und tu
Wäsche hinein, als ob du ausziehst
Denn wir gehen
In eine alte Wohnung und wohnen daselbst
Beinah eine Ewigkeit!

MÄDCHEN *packt den Koffer:*
Was soll ich dort?

FATZER
Was groß ist, ist
Nicht immer groß, sondern manchmal
Anders, wenn auch nie klein.
Ich sags ganz offen: ich bin
Nicht gern allein. Drum geh ich hin, wo
Sie auf mich warten
Aber auch den Weg
Geh ich nicht gern allein und drum
Gehst du mit. Komm!
Ich glaube nicht, daß sie Böses mit mir vorhaben
's wär gegen die Vernunft, denn was nützt es ihnen
Und wo auf diesem Haufen trocknen Mist ist einer
Der etwas tät, was ihm nichts nützt.
Sie brauchen mich, drauf bau ich, außerdem
Kann ich noch immer nachlassen den Strick
An dem ich sie halt.

Fatzerdokument 12
Projektion: Ruhrort

CHOR
Ruhrort Fatzer:
Einzuprägen wäre noch die Gegend:
Dies finstere Viereck zwischen Kränen und Eisenhütten
Durch die dieser Johann Fatzer

Seine letzten Tage herumging
Aufhaltend das Rad.

Die letzte Enteignung: Das Todeskapitel 2

KOCH *blutend, ein Laken um den Leib:*
Schwach sein ist menschlich und drum muß es aufhören.
Daß einmal etwas nicht im Sand verläuft
Was jeder Sach natürlicher Verlauf, wir wissens
Daß zwei nicht zwanzig ist und das, was einer gesagt
Nicht anders gemeint war, daß eine einfache Sache
Einfacher werde im Verlauf dem Menschen zum
Staunen
So wie ein Netz, wenns Fischer versenken
Groß zieht und weit aufs allgemeine gehend
Doch wenn der Fang geholt wird, klein und einfach
wird
So seis mit Fatzer.
Und wo ein Fluß war, der sehr stark stank und wo
Leute standen und sagten: heute
Ist er wieder voll von stinkendem Öl oder heute
Ist er giftgrün oder jetzt wird er klarer
Da soll kein besserer Fluß mehr fließen, sondern
Kein Fluß mehr. So
Soll dieser Fatzer auch kein besserer oder schlechterer
Fatzer
Sein, sondern es soll
Kein Fatzer mehr sein
Damit auch dieses ein Zeichen ist
Errichtet in Kümmerlichkeit, drum statt eines Steins
Von riesigem Umfang nur ein Loch geworden
Aber doch ein Zeugnis dafür, daß auch

In finsterer Zeit schwarz schwarz war und weiß weiß.
Wer von uns gestern unruhig schlief, weil in ihm
Furcht war, und gestern gar nicht schlief vor neuer
Hoffnung
Weiß heut: daß unsere Sache aus ist. Und
Zu dieser Stund, wo dieses Siegsgeläut
Einläutet unseres Todfeinds größte Zeit
Vertagend seinen Untergang für unbestimmte Frist
Von der nur feststeht, daß sie lang nach unserm Tod fällt
Zu dieser Stund, wo unsere Hoffnung weg ist also
Und wir nicht mehr herauskommen aus dem Boden da
Laßt uns jetzt ordnen unsere
Verlorene Sache
So daß sie ganz entwirrt, ordentlich und abgetan
Fertig ist
Denn unsere Sach muß
Genau geordnet sein, nicht wie die derer
Die oben sind und aus dem vollen zusetzen, denn
Sie geht durch viele Instanzen
Wir werden den Tag nicht
Mehr schauen, aber wir
Werden ausgerüstet sein
Und feldmarschmäßig bis
In die Nieren, wenn sie
Uns treffen, vor wir
Gefunden werden. Dafür
Freß ich Rotz
Und schlaf nicht.
Man sagt wohl leicht: das alles
Ist ohne Ernst, fleischlos, sterblich
An eigener Schwäche – aber
Ihr sollts nicht sagen, sondern es
Ernst nehmen. Seid nicht hochfahrend, Brüder
Sondern demütig und schlagt es tot

Nicht hochfahrend, sondern: unmenschlich!
Tut nicht zwei Dinge, sondern
Eines. Nicht leben und töten, sondern
Nur töten. Eins ist eins
Schwarz schwarz und laut nicht leis.
's wird nicht so heiß gegessen, wie gekocht wird
Drum wollen wir jetzt einmal, sagen wir zum Spaß
So heiß essen, wie gekocht wird.
Die Hälfte dieser Menschheit lebt
Einzig vom löchrigen Gedächtnis der andern Hälfte
Alle diese Nächte
Schlaf ich nicht mehr aus Furcht, es könnte
Etwas im Sand verlaufen und vergessen werden
Dieweil es einer darauf anlegt, daß
Grad dies im Sand verläuft und
Vergessen wird.
Weil wir ihn brauchen, meint er
Er sei mehr
Weil wir nicht ohne ihn leben können, meint er
Er lebe ewig.

BÜSCHING

So wollen wir ihn also umbringen, damit
Die nach uns kommen eine Warnung haben?

KOCH

Nach uns kommt nichts. Aber
Solang wir da sind, geschieht
Alles richtig.
Das soll zu niemandes Nutzen sein
Daß ich ihn erschlag, weil er mir zuwider ist
Und ich ihn sehn will ausgetreten
Und da, wo sein Gesicht war
Der Dreck von meinem Stiefel.

BÜSCHING

Warum brüllst du so?

Weil du sein Freund bist.

KOCH

Das weiß ich.
Du, Büsching
Kannst auf mich zählen, aber
Der ist besser als du und der
Muß hin sein.

Kaumann schreibt an die Wand: Ein Toter: 170 Pfund kaltes Fleisch, 4 Eimer Wasser, 1 Beutel voll Salz.

FATZER *tritt ein:*

Hier bin ich
Freiwillig gekommen, ohne Zwang.

BÜSCHING

Setz dich, Fatzer.

KOCH

Zuerst dies: hinter uns her
Sind die uns umbringen werden.
Daß sie unseren Platz fanden
War unvermeidlich.

BÜSCHING

Unvermeidlich. Und unvermeidlich
Ist, was jetzt kommt.

FATZER

Gleichwohl bin ich gekommen und
Ich sage euch offen:
Mich ärgerts. Aber ich wollte
Herkommen
Bei euch zu sein in dieser Stund
Und auch jetzt noch
Will ich nicht, daß ihr weggeht
Und geb euch zu: ich ging
Nicht weg. Denkt: ich bin
Euch

Einfach gewohnt, auch dies
Scheint unvermeidlich.
Auch hätt nach allem, scheint
Mir
Dies nicht geschehen müssen, 's ist
Unser Unglück.
Was geschehen ist durch mich:
Mir gefällts nicht.

BÜSCHING
Dein Vorschlag?

FATZER
Weg gehn.
Was immer war hier:
Zusammen weg gehn.

BÜSCHING
Fatzer, wir können
Deinen Vorschlag nicht annehmen.

FATZER
Könnt ihrs nicht?
Wenn das doch ginge
Daß einmal etwas bereinigt
Würd, mit einem Schlag
Einige etwas sähen in vollem
Licht, und, was auch war
Dagegen spricht, unbeglichen
Ließen jede Rechnung, einsähen
Was ist, und weg gingen!
Dies wär was Neues.

BÜSCHING
Dann kommt jetzt nichts Neues
Mehr, was nicht neu ist.
Daß etwas beglichen wird, wie
Mit einem Schlag erhellt, nichts
Eingesehen und nicht weggegangen

Wird, sondern weitergehandelt
Was gehandelt wurd. Drum
Fatzer mußt du dich ändern
Jetzt in dieser Stund auf
Dieser Stell und einmal tun
Was wir dir sagen, und zwar nur
Weil wir mehr sind, nämlich
Zwei oder drei. Willst du das
Tun?

FATZER
Ists das, was auf der Wand steht?
Ich weiß, was es wär
's wär was mit einem Strick
Der aus einem lebenden Mann
170 Pfund kaltes Fleisch macht
Das tu ich nicht.

BÜSCHING
Ja, du sollst nämlich
Dich ändern, zumindest
Dadurch, daß du gar nicht
Mehr da bist.

FATZER
Ihr Hunde! Ihr wollt
Mich umbringen! Aber ich
Pfeif euch was!
Er geht zum Fenster.
Herein, ihr! Hier sind sie!

KOCH
Faßt ihn!

FATZER
Ihr hinterlistigen Hunde
Kruppzeug, räudiger Dreck!
Weil ihr zwei seid und ich
Nur einer bin!

Wird ans Bett gefesselt.

KOCH

Stell das Ding ins Fenster
Kaumann, und schießt
Wenn sie kommen
Und wir zu End sind!
Fatzer, dein Ende ist da.
Schau nicht nach rechts noch
Links, 's gibt keine Rettung
Mehr. Du warst ein guter
Mann, wo immer du warst
Jetzt mußt du hin sein
Dieweil du krank geworden
Bist und schlecht.
Drum sollst du hingerichtet
Werden nach dem Beschluß
Von zwei Menschen und einem
Toten ohne Aufschub!
Sag, daß du
Einverstanden bist.

FATZER

Ich will nicht!
Bind mich los, Büsching!
Ich mach mir nichts draus
Ob ich Furcht zeig, ich
Will nicht verrecken!
Jetzt noch nicht und
Nie so.
Ich bin der Fatzer.

BÜSCHING

Lust zu was
Ist eine gute Sache, das baut
Häuser aus nichts, die wie Gebirge aus Erz sind
Und an einem Tag die Kanäle

Welche dreißig Jahre gebaut werden und
Für fünf Menschenalter bestimmt sind
Aber was willst du auch dort
Wo keine Lust ist, muß
Es Kanäle geben und Häuser.
Hattest du einen guten Tag, so hattest
Du Lust zu was, aber am schlechten Tag
Willst du auch essen.
Was du tust, weil du Lust hast, das gilt
Nichts, Fatzer, bei uns.
Sag es also.

FATZER

Büsching! Was redest du?
Unsere Schlächter
Kommen schon auf uns
Alle zu. Sind wir nicht
Zusammen im Grabe gelegen
Drei Jahre und dann.

BÜSCHING

Wir sind.
Was weiter?
Am Fenster:
Ja wir sind hier, aber
Wartet noch eine Weile
Sonst schießen wir
Bis wir eine Sache erledigt
Haben, die fertig sein muß.

KOCH *schleppt sich ans Fenster, brüllt hinaus:*

Noch nicht dem letzten räudigen Hund
Werden wir zumuten, Platz zu nehmen
Auf euren dreckigen Gerichtsbänken
Eures dreckigen Staates.
Ein Klumpen Natur.
Stirbt, es wird geschossen.

FATZER

Ich weiß nicht, wer siegt
In diesem Kampf
Wer aber immer siegt – Fatzer ist
Verloren.
Als ihr zweifeltet an mir
War ich verloren.
Und von jetzt ab und eine ganze Zeit über
Wird es keinen Sieger mehr geben
Auf eurer Welt, sondern nur mehr
Besiegte.

BÜSCHING

Schieß also, Kaumann.

Kaumann schießt. Das Zimmer wird durch eine Explosion zerstört. Zum Schlußbild mit den Toten im zerstörten Zimmer der Fatzerkommentar: FATZER KOMM.

Fatzerdokument 13
Projektion: Staatsmänner

CHOR

FATZER KOMM

1

Verlaß deinen Posten.
Die Siege sind erfochten. Die Niederlagen sind
Erfochten:
Verlaß jetzt deinen Posten.

Tauche wieder unter in der Tiefe, Sieger.
Der Jubel dringt dorthin, wo das Gefecht war.
Sei nicht mehr dort.
Erwarte das Geschrei der Niederlage dort, wo es am
lautesten ist:

In der Tiefe.
Verlaß den alten Posten.

Ziehe deine Stimme ein, Redner.
Dein Name wird ausgewischt auf den Tafeln. Deine Befehle
Werden nicht ausgeführt. Erlaube,
Daß neue Namen auf der Tafel erscheinen und
Neue Befehle befolgt werden.

(Du, der nicht mehr befiehlt
Fordere nicht zum Ungehorsam auf!)
Verlaß den alten Posten.

Du hast nicht ausgereicht
Du bist nicht fertig
Jetzt hast du die Erfahrung und reichst aus
Jetzt kannst du beginnen:
Verlaß den Posten.

Du, der die Ämter beherrscht hat
Heize deinen Ofen.
Du, der nicht Zeit hatte zu essen
Koch dir Suppe.
Du, über den vieles geschrieben ist
Studiere das ABC.
Beginne sofort damit:
Beziehe den neuen Posten.

Der Geschlagene entrinnt nicht
Der Weisheit.
Halte dich fest und sinke! Fürchte dich! Sinke doch!
Auf dem Grunde
Erwartet dich die Lehre.

Zu viel Gefragter
Werde teilhaftig des unschätzbaren
Unterrichts der Masse:
Beziehe den neuen Posten.

2

Der Tisch ist fertig, Tischler.
Gestatte, daß wir ihn wegnehmen.
Hoble jetzt nicht weiter daran herum
Höre auf mit dem Anstreichen
Rede nicht davon gut noch übel:
So wie er ist, nehmen wir ihn.
Wir brauchen ihn.
Gib ihn heraus.

Du bist fertig, Staatsmann
Der Staat ist nicht fertig.
Gestatte, daß wir ihn verändern
Nach den Bedingungen unseres Lebens.
Gestatte, daß wir Staatsmänner sind, Staatsmann.
Unter deinen Gesetzen steht dein Name.
Vergiß den Namen
Achte deine Gesetze, Gesetzgeber.
Laß dir die Ordnung gefallen, Ordner.
Der Staat braucht dich nicht mehr
Gib ihn heraus.

Zeittafel

1898	Eugen Berthold Friedrich Brecht am 10. Februar geboren in Augsburg
1912	Konfirmation
1913	Erste Publikationen. Schülerzeitschrift *Die Ernte*
1918-1919	Sanitätssoldat
	Baal. Dramatische Biographie
1919	*Trommeln in der Nacht*. Komödie
1920	Erste Reise nach Berlin
1921-1923	*Im Dickicht der Städte*. Stück
1922	Dramaturg an den Münchner Kammerspielen
	Kleistpreis für *Trommeln in der Nacht*
1923	*Leben Eduards des Zweiten von England*. Historie (nach Marlowe, gemeinsam mit Lion Feuchtwanger)
1924-1926	Übersiedelung nach Berlin
	Regisseur an Max Reinhardts Deutschem Theater
	Mann ist Mann. Lustspiel
1927	*Bertolt Brechts Hauspostille*. Gedichte
1928-1929	*Aufstieg und Fall der Stadt Mahagonny*. Oper
	Die Dreigroschenoper
	Der Ozeanflug. Radiolehrstück für Knaben und Mädchen
1929	*Das Badener Lehrstück vom Einverständnis*
1929-1930	*Der Jasager und der Neinsager*. Schulopern
	Die heilige Johanna der Schlachthöfe. Stück
1930	*Die Ausnahme und die Regel*. Lehrstück
	Die Maßnahme. Lehrstück
1932	*Die Mutter*. Stück (nach Gorki)
	Die drei Soldaten. Ein Kinderbuch
1932-1934	*Die Rundköpfe und die Spitzköpfe*. Stück
1933	Emigration nach Dänemark, später Schweden und Finnland
1933-1934	*Die Horatier und die Kuriatier*. Lehrstück für Kinder
1934	*Dreigroschenroman*

1936-1937	*Die Gewehre der Frau Carrar*. Stück
1938	*Leben des Galilei*. Schauspiel
	Die Geschäfte des Herrn Julius Caesar. Roman
	Gesammelte Werke in zwei Bänden (Malik-Verlag, London)
	Furcht und Elend des III. Reiches. 24 Szenen
	Das Verhör des Lukullus. Hörspiel
1938-1940	*Der gute Mensch von Sezuan*. Parabelstück
1939	*Mutter Courage und ihre Kinder*. Chronik
	Svendborger Gedichte
1940	*Herr Puntila und sein Knecht Matti*. Volksstück
1941	Exil in den USA
	Der aufhaltsame Aufstieg des Arturo Ui. Stück
1942-1943	*Die Gesichte der Simone Machard*. Stück
1944-1945	*Schweyk*. Stück
	Der kaukasische Kreidekreis. Schauspiel
1947	Rückkehr aus den USA nach Zürich
	Bearbeitung und Aufführung der *Antigone*
1948	Rückkehr nach Berlin
1949	11. Januar Aufführung von *Mutter Courage und ihre Kinder* in Berlin
	Gründung des Berliner Ensembles im September
	Kalendergeschichten
	Wiederaufnahme der 1933 unterbrochenen Reihe der *Versuche*
	Die Tage der Kommune. Stück
1950	*Die Verurteilung des Lukullus*. Oper
1951	*Der Hofmeister*. Komödie (nach Lenz)
1953	*Turandot oder Der Kongreß der Weißwäscher*. Fragment
	Buckower Elegien
1954	Das Theater am Schiffbauerdamm wird Spielstätte des Berliner Ensembles (Eröffnung mit *Don Juan* nach Molière).
1954-1959	Gesamtausgabe der *Stücke* in zwölf Bänden
1956	am 14. August gestorben in Berlin

1957	*Schriften zum Theater*
1960	Beginn der Gesamtausgabe der *Gedichte* in sechs Bänden
	2000. Aufführung der *Dreigroschenoper* in New York
1961	*Flüchtlingsgespräche*
1967	*Gesammelte Werke* in 8 Bänden im Suhrkamp Verlag
1969	*Texte für Filme*
1973	*Arbeitsjournal* 1938-1955
1975	*Tagebücher* 1920-1922
1978	zum 80. Geburtstag *Bertolt Brecht – Sein Leben in Bildern und Texten*
1981	zum 25. Todestag *Briefe*
1988 ff.	Große kommentierte Berliner und Frankfurter Ausgabe der Werke in 30 Bänden

Suhrkamp Verlag GmbH
Torstraße 44, 10119 Berlin
info@suhrkamp.de
www.suhrkamp.de